MIMESIS
INTERNATIONAL

LITERATURE/LANGUAGE
n. 4

INSIGHTS INTO THE HISTORY OF LINGUISTICS
Selected Papers from ICHoLS XV

Edited by Maria Paola Tenchini
and Savina Raynaud

Università Cattolica del Sacro Cuore contributed to the funding of this research project and its publication.

© 2024 – Mimesis International
www.mimesisinternational.com
e-mail: info@mimesisinternational.com

Isbn: 9788869774553
Book series: *Literature/Language*, n. 4

© MIM Edizioni Srl
P.I. C.F. 02419370305

CONTENTS

INTRODUCTION 7

SECTION 1
MODERN AND CONTEMPORARY DIALOGUES AND CONTEXTS

LE DUEL ENTRE MEILLET ET TESNIÈRE 13
Gabriel Bergounioux

LINGUE, NAZIONI E CONFINI NEL CARTEGGIO DI
HUGO SCHUCHARDT E FRANCESCO D'OVIDIO 31
Sandra Covino

HU YILU'S RE-PRESENTATION OF COMPARATIVE-HISTORICAL
LINGUISTICS IN EARLY NATIONALIST CHINA 47
Changliang Qu

ELI FISCHER-JØRGENSEN (1911-2010) & NOAM CHOMSKY (B. 1928)
IN THE MID-1950S: A MEDIATED CONNECTION 63
Viggo Bank Jensen

SECTION 2
GRAMMARS AND GRAMMATICAL NOTIONS IN THEIR HISTORIES

L'EXEMPLIFICATION DANS LA GRAMMAIRE GÉNÉRALE ET RAISONNÉE
DE PORT-ROYAL 83
Bernard Colombat

HISTOIRE DES « PARTICULES » DANS LA GRAMMAIRE FRANÇAISE,
16ÈME-19ÈME SIÈCLES : QUELQUES JALONS 101
Bérengère Bouard

THE HISTORY OF THE NOTION OF WORD-FORMATION,
THE PHILOSOPHICAL GRAMMARS AND THE "PROBLEM OF TIME" IN THE
17TH AND THE 18TH CENTURIES 129
Luca Alfieri

LE MATÉRIAU TEXTUEL DES ELEMENS DE LA GRAMMAIRE FRANÇOISE (1780) :
À LA RECHERCHE DES SOURCES DE LHOMOND 149
Sophie Piron

GRAMMATICALISATION, GRAMMATICISATION, GRAMMATISATION,
GRAMMATION OR THE MOTIVATIONS BEHIND LINGUISTIC TERMINOLOGY 167
Martin Konvička

CONTRIBUTORS 189

INTRODUCTION

The passage from orality to literacy always deserves careful implementation. It has been claimed that it was the appearance and spread of writing in ancient Greece that gave rise to a sort of objectivation of human thought, thereby fostering logical and metalinguistic inquiries.

As is often the case in our lives, significant changes in habits brought about by the irruption of traumatic or dramatic events have led to unexpected scenarios even for a well-established itinerant institution such as ICHoLS, i.e., the *International Conference on the History of the Language Sciences*, which spans both space and time. Having planned its XV edition in 2020, ICHoLS had to be forcibly postponed to 2021 due to the global lockdown imposed by the pandemic. Despite this setback, the conference attracted an increasing audience from 38 countries, ranging from Algeria to Turkey (in alphabetical order). This edition was financially more accessible since participants did not have to travel from their homeland. However, it was disappointing for those who were looking forward to exploring the beauty of Italy, or at least its northern regions, given that it was the first Italian venue in the history of ICHoLS—, and it was in Milan.

The COVID-19 pandemic compelled us to maintain physical distance and confined our interactions to virtual platforms, limiting us to only listening and observing each other's flattened images on computer screens. Our engagements unfolded across different time zones, encompassing the progression of day and night during the August 2021 conference period, such that when our Canadian colleagues had to wake up very early, the sun was shining brightly in Italy, while the early evening lights already illuminated the desks of our Korean colleagues.

To go back to our *Leitmotiv*, despite the commendable high quality of our telematic connections, we missed the 'integral' experience of the collective presence of the convenors, as well as the side comments, conversations, and convivial spaces. Yet, these times are vital for consolidating the developments—often tentative and conditioned by various bias—within a community comprised of non-*clerics*, yet *wandering* fellows (*clerici vagantes*), belonging to different scientific communities—those of the multifarious language sciences—that seldom convene as they do during ICHoLS proceedings.

Here, we welcome one of the precious opportunities to preserve the richness and diversity of the communications we have listened to, contributions, textual quotations, and consulted bibliography, all thanks to the printed and online open-access edition.

Let us now touch upon the essays selected and compiled in this volume. They are unified by the *fil rouge* of paying attention to different contexts spanning the modern and contemporary ages in Europe, Asia, and the United States, as evidenced by publications (long sellers and review articles) as well as private exchanges, some of which have eventually been annotated and published. Their various epistemological settings is thoroughly documented to help the reader inscribe them within their respective contexts, i.e., debates and different approaches, traditions, heritage, sources, and boundary conditions.

In the first section of the volume—*Modern and Contemporary Dialogues and Contexts*—the opening contribution (Bergounioux) focuses on the morphological category of the dual. Drawing on geographic evidence of its enduring presence or complete disappearance, Meillet claims that its decline should be seen as a result of the advancement of civilization, while Tesnière strongly denies this thesis. Descriptions and evaluations do not go hand in hand. Another cause of tension and disagreement pertains to the outcomes of World War I (as demonstrated by Covino). This debate revolves around the concept of a legitimate political frontier, which, according to Hugo Schuchardt, can only be ethno-linguistic, despite the annexation of South Tyrol to Italy and the associated claims of the language-nation pair. The letters he exchanged with Francesco D'Ovidio testify to the delicate balance between scientific approaches and political involvements. From an opposite yet welcoming point of view, it was during the early years of the Nationalist Republic of China (as illustrated by Changliang Qu) that Western-styled general linguistics (or rather the previous German historical linguistics) was introduced in the country by a short book titled *Rudiments of the Chinese Spoken Language* by Hu Yilu. The main purpose of this book was to highlight the importance of Western linguistic theories while also contrasting the fallacy of the "primitiveness" of the Chinese language. Another interesting scenario is recalled by Bank Jensen through a study of the letters exchanged between Morris Halle and Eli Fischer-Jørgensen. Despite the number of editorial phase-shifts that have prevented a safer reconstruction of Fischer-Jørgensen's and Chomsky's research, the discussion revolves around the challenges arising when one attempts to exclude semantics from phonological analysis (Chomsky), as well as when one adheres to the relevance of semantics in the analysis (Fischer-Jørgensen).

In the second section—*Grammars and Grammatical Notions in their Histories*—attention to context is evident, for instance, in the fact that the use of examples from different languages in the *Grammaire* of Port Royal may not only function to support the idea of a general theory of language from an interlinguistic perspective but also hold significant social implications, as it allows for developing an awareness of the political or moral concerns of the authors (Colombat). And it is apparent in the interpretation of the notion of "particles" in French grammars of the 16th to 19th centuries, which must be understood within the framework of the Latin tradition from which it originates, as well as in the synchronous relationships that this class shares with adjacent classes of pronouns, adverbs, and interjections, thereby delineating its boundaries (Bouard). The treatment of word formation in the rational grammars of the 17th and 18th centuries, based on the dichotomy between synchronic and diachronic approaches to this aspect, allows (as shown by Alfieri) for rethinking and redefining the unitary conception of philosophical grammars. Furthermore, Piron's contribution delves into the relationship between authors and their (potential) sources through a detailed examination of Lhomond's grammar (1870), pinpointing passages where the author may have drawn inspiration from other scholars, despite his reluctance to admit it and his open criticism of some predecessors. Finally, attention to context is manifest in the investigation of the various motivations—whether conceptual, theoretical, or subjective—that underlie the emergence of a term (here, *grammaticalization*) within the linguistic and grammatical tradition in comparison to its competitors (Konvička).

In closing, we would like to thank all the authors whose contributions have made this volume possible. We are grateful for their commitment and collaboration, as well as for sharing their knowledge, insights, and passion with us.

Maria Paola Tenchini and Savina Raynaud
Milan, May 2024

SECTION 1
MODERN AND CONTEMPORARY DIALOGUES AND CONTEXTS

Gabriel Bergounioux
LE DUEL ENTRE MEILLET ET TESNIÈRE

Abstract: The dual was the topic of an intensive discussion. As it is part of the number morphology of Proto-Indo-European, it was mentioned by Cuny in support of the nostratic thesis (a common origin with Afro-Asiatic). As it is uncommon in the languages of present-day Europe, Meillet proposed that its decline should be seen as a result of the advancement of civilisation. In his PhD on the dual in Slovene, Tesnière challenged this view, supporting his demonstration by means of an atlas which demonstrated, beyond the grammatical description of the Slovene language, the range of uses, from complete preservation of the morphological forms to their disappearance.

Key words: Dual; Slovene; Meillet; Tesnière; Linguistic atlas

1. *Position du problème*

Dans la terminologie linguistique, le *duel* désigne un ensemble de marques morpho-phonologiques adjointes aux radicaux pour indiquer un référent portant sur deux entités identiques (*deux années, deux sœurs*) ou complémentaires (*le jour et la nuit, le père et la mère*). Ces marques se caractérisent par différence avec celles affectées au singulier et au pluriel dans la catégorie grammaticale du *nombre*. Toute langue qui recourt à des indices spécifiques pour l'expression du duel dispose également de morphèmes qui distinguent le singulier du pluriel. À l'inverse, la plupart des langues qui réalisent une opposition entre le singulier et le pluriel au moyen d'affixes (ou d'infixes) ne recourent pas à des formes spécifiques pour le duel.

Trois paramètres contribuent à circonscrire l'emploi du duel dans la structure des langues qui en ont l'usage :

1°) son emploi s'avère possiblement facultatif : la marque du pluriel lui est alors substituée.

2°) il ne concerne souvent qu'un nombre limité de catégories (seulement les pronoms par exemple).

3°) dans la déclinaison et/ou la conjugaison, il présente souvent des formes réduites par comparaison avec celles du singulier et du pluriel. Par exemple, en grec ancien, alors que les formes nominales varient selon les relations syntaxiques (cinq cas) et la catégorisation en genre (masculin / féminin / neutre), le duel recourt seulement à deux formes pour les cinq cas et les trois genres.

L'existence du duel est conjecturée dans la reconstruction des paradigmes nominaux (adjectifs et pronoms compris) en proto-indo-européen : quand on remonte aux attestations les plus anciennes des langues, l'inventaire de celles dans lesquelles le duel est distingué du pluriel croît. Le Père Cœurdoux (1777), le premier à avoir repéré les ressemblances entre langues apparentées, dans le rapprochement inaugural des langues qu'il esquissait, avait noté d'emblée sa présence en grec et en sanskrit. W. von Humboldt (1828/2021) l'avait légitimé comme un procédé grammatical répondant à une modalité de projection de la pensée sur le monde.

L'hypothèse est confortée dans une perspective comparatiste par l'établissement des correspondances pour des termes qui, étymologiquement, proviennent de la classe fermée des objets qui vont par deux (parties du corps, jumeaux, bras de rivière entourant une île…). Il est généralement admis, mais non absolument prouvé, qu'il y aurait eu deux duels distincts en proto-indo-européen, l'un, le plus ancien, s'appliquerait à deux objets qui se présentent ensemble fortuitement, l'autre étant réservé aux éléments qui fonctionnent par paires. Le marquage se réalisait par l'ajout d'une nasale à la finale.

Dès lors que le duel était inscrit dans la structure morphologique du proto-indo-européen, on s'attendrait à le retrouver dans beaucoup de langues qui en proviennent. Or, actuellement, sa présence est très peu attestée. Certaines langues en ont perdu tôt l'usage. Dès l'époque où il est transcrit, le latin ne l'avait plus. Pour d'autres, qui le consignaient dans leurs premières écritures, la disparition s'effectue à date historique ; c'est le cas notamment du sanskrit védique, des langues germaniques et des langues slaves, une évolution qui coïncide avec la diffusion et l'extension de ces langues à de nouvelles fonctions, religieuses, littéraires, administratives, liées à leur scripturisation. C'est également le cas du grec. En somme, une longue tradition de transcription, le recours à la graphie pour des pratiques diversifiées et l'accroissement du nombre des locuteurs semblent autant de critères qui concourraient, en première approche, à son éviction.

Une recension dans l'aire des parlers indo-européens le confirmerait. La préservation du marquage morphologique se retrouve en Europe dans des langues qu'on peut qualifier de « périphériques », géographiquement et socialement : en sorabe (Allemagne orientale) et en slovène pour ce qui est des langues slaves, en lituanien dans le groupe baltique et, dans les langues celtiques, en breton et en gaëlique (autrefois en cornique). On en relève des survivances dans les langues germaniques — certains pronoms du dialecte bavarois par exemple.

2. L'exemple du slovène

Malgré une structure qui diffère sensiblement des autres langues slaves méridionales, le slovène se rattache clairement à cette famille. Le duel, qui représente l'héritage d'un état antérieur — non une innovation — réalise un système complet aux six cas du nom et de l'adjectif ; il est présent sur les pronoms et sur les verbes. C'est la description que restituent les grammairiens en intégrant dans les paradigmes toutes les attestations disponibles ; les usages concrets des locuteurs admettent fréquemment le remplacement par le pluriel. Sa présence constitue un isolat morphologique : la catégorie du nombre n'a pas été réduite à l'opposition du singulier et du pluriel en dépit de la continuité des contacts millénaires avec les langues slaves (le serbo-croate), le latin (à travers l'omniprésence de l'église catholique), l'italien et ses dialectes et l'allemand qui était la langue de l'administration puis de l'enseignement depuis le XIVe siècle au sein de l'empire habsbourgeois.

Dans ces conditions, la permanence de formes plus complexes, préservées par une population essentiellement paysanne et peu alphabétisée, intrigue. Elle constitue un argument critique qui renvoie dos à dos certains arguments des Junggrammatiker — tels Karl Brugmann (1849–1919) ou Berthold Delbrück (1842–1922) — et ceux d'un de leurs plus farouches adversaires, Hugo Schuchardt (1842–1927). Les Junggrammatiker privilégiaient, pour étayer leurs démonstrations en grammaire comparée, un modèle de langues idéaltypiques, tout en intégrant les variations dialectales qui en modulaient la réalisation dans l'espace. Or les frontières entre langues slaves n'apparaissent pas si tranchées que Lucien Tesnière (1893–1954) ne puisse écrire : « Géographiquement, les zones d'élimination du duel en slovène apparaissent toujours comme le prolongement de zones plus vastes couvrant toute la Croatie. » (Tesnière 1925 : 424). Si cette marque morphologique définie comme essentielle dans la caractérisation du slovène pouvait disparaître jusque dans la capitale, Ljubljana, en continuité d'un changement initié en croate, quels caractères grammaticaux justifieraient la séparation ? H. Schuchardt, à l'opposé, soulignait l'importance des interférences, très au-delà des effets de l'emprunt lexical, et l'illustrait par l'exemple de « langues mixtes » (*Sprachmischung*) qui ont émergé dans des zones de rencontre entre deux idiomes d'où il résulte un parler combinant des mots et des traits phonologiques et grammaticaux de chacune des deux langues sans qu'aucune ne domine, à l'exemple des parlers slavo-italiens et slavo-germaniques. Le slovène, dans une aire géographique réduite, présentait d'importantes variations internes tout en conservant une certaine unité au sein du groupe slave, sans se rapprocher des aires romane et germanique.

Cette spécificité a constitué une difficulté lors des tractations diplomatiques qui ont conduit à redessiner les frontières continentales après la Première Guerre mondiale suite à l'effondrement des quatre empires, allemand, austro-hongrois, russe et turc. Les dimensions du pays dissuadaient de retenir la solution d'un état indépendant qui risquait d'être satellisé par l'Autriche ou par l'Italie. Dans la configuration décidée lors de la signature du traité de Saint-Germain-en-Laye (1919), le statut particulier de la Slovénie était entériné dans le cadre d'un état regroupant les populations slaves le long de l'Adriatique. Le 1er décembre 1918, le « Royaume des Serbes, Croates et Slovènes » était proclamé, renommé « Royaume de Yougoslavie » en janvier 1929.

Cette orientation avait reçu l'approbation des dirigeants nationalistes slovènes qui, tout en adhérant au principe d'une union politique, revendiquaient leur originalité linguistique et culturelle. La volonté de démarquer le slovène du groupe serbo-croate s'affirmait dans le choix qu'avait fait Oton Župančič (1878–1949), promu comme l'écrivain emblématique de l'affirmation d'une littérature nationale instituée au XIXe siècle avec la poésie de France Prešeren (1800–1849). Župančič a rédigé son œuvre dans une variante dialectale qui l'éloignait du croate ; il privilégiait un sociolecte, censément plus authentique pour être en usage à l'écart des grandes voies de communication.

La même idée s'est retrouvée lorsque, en 1919, est fondée l'université de Ljubljana (les étudiants slovènes suivaient auparavant leur cursus dans d'autres langues en dehors de la région). La conférence inaugurale d'ouverture a été confiée solennellement à Fran Ramovš (1890–1952) qui a été nommé, à vingt-neuf ans, comme l'un des quatre premiers professeurs titulaires de l'établissement. Nommé dans une chaire d'« indo-européen et slavistique », il prenait pour thème de son exposé la langue slovène à laquelle il avait consacré ses recherches en tant qu'étudiant à Vienne puis à Graz où il avait soutenu sa thèse sur *L'évolution des voyelles réduites du proto-slave en slovène* en juillet 1914.

Cette orientation identitaire contrevenait aux recommandations d'Antoine Meillet (1866–1936) qui s'inquiétait de la multiplication des langues de communication en Europe, les états nouvellement constitués à partir de 1918 imposant l'emploi exclusif de leur langue nationale au détriment du russe ou de l'allemand. Appelé en consultation par les négociateurs, il avait proposé d'en limiter le nombre en réunissant les langues les moins éloignées dans une forme standardisée, sur le modèle de l'italien dont la dispersion dialectale se résorbait dans le standard d'une forme écrite. Dans cette perspective, comme pour le slovaque et le tchèque, le biélorusse et le russe, il préconisait un rapprochement du slovène avec le croate. Il écrivait dans *Les Langues dans l'Europe nouvelle* (cf. Moret 2019) :

Sans doute les parlers de l'extrême Sud-Ouest diffèrent sensiblement des parlers d'Herzégovine sur lesquels est fondé le serbo-croate littéraire. Mais ces différences n'ont rien d'essentiel ; elles ne sont pas beaucoup plus grandes que celles que présentent entre eux beaucoup de parlers considérés comme serbo-croates. Aucune difficulté ne s'oppose à ce que les Slovènes aient comme langue commune le serbo-croate. (Meillet 1918 : 244)

3. Le duel en diachronie

3.1 Le duel selon Meillet : un archaïsme linguistique

On peut résumer la doxa linguistique de cette époque concernant le duel en citant ce jugement d'O. Jespersen (1860–1943) dans *La Philosophie de la grammaire* : « On considère généralement le duel comme la marque d'une mentalité primitive ; on en conclut que sa disparition est une conséquence ou tout au moins un signe du progrès de la civilisation. » (Jespersen 1924/1971 : 284). De la présence d'une forme grammaticale on inférait un reflet de la pensée collective à un certain stade de son développement, une « mentalité » susceptible de « progrès ».

Le postulat d'une évolution finalisée des langues les situe à des degrés différents d'avancement le long d'un axe linéaire unique où certaines en précèdent d'autres dans la voie de la « civilisation ». La IIIe République, pour légitimer l'expansion coloniale et la concilier avec les principes égalitaires de la Révolution française, se réclamait de « l'œuvre civilisatrice de la France ». Le terme de « civilisation » prend toute sa valeur si on l'appréhende par différence avec le concept de « culture » que privilégiait l'école germanique. L'idée directrice, reprise par l'anthropologie américaine, concevait les aires culturelles (*Kulturkreis*) comme autant de systèmes d'organisation et de pensée autosuffisants, inhérents à un peuple — éventuellement considéré selon une perspective raciale. À l'opposé, la « civilisation » postulait un invariant humain qui emprunte universellement un même parcours, les mêmes étapes, suivant un cheminement où les préceptes de la raison tendaient à s'affirmer au fil du temps. C'est la thèse qui prévaut dans la visée d'une sémantique universelle (Bréal

1897) à l'inverse de la psychologie des peuples (*Völkerpsychologie*) telle que la définissaient Heymann Steinthal (1823–1899) et Moritz Lazarus (1824–1903).

Meillet a repris à son compte une représentation idéologique venue des Lumières, comme en témoigne son analyse du duel. Il a traité cette question dans l'étude des langues indo-européennes qui en avaient l'usage — une dizaine de fois au moment où Tesnière publiait sa thèse —, en particulier dans son long article « Le duel chez Homère » (Meillet 1921a : 145-164).

À l'appui de la thèse évolutionniste, il montrait comment s'effectue la rétraction de cette forme parallèlement au progrès des sociétés.

> Par exemple le duel qui en indo-européen constituait une troisième série de formes à côté de celles du singulier et du pluriel se conserve tant que la flexion reste complexe, ainsi en védique, et disparaît quand la flexion se simplifie, ainsi dans les prakrits ; il n'est pas fortuit que le slave, qui a maintenu à peu de chose près toute la richesse en cas de la déclinaison indo-européenne emploie encore le duel au Xe siècle après J.-C. tandis que le grec qui, dès l'époque historique, a réduit sa déclinaison à quatre formes au singulier et au pluriel, tend à le perdre de bonne heure (…). (Meillet 1921b : 41).

Et, plus explicitement :

> Certaines langues de demi-civilisés distinguent deux manières de dire (…). (…) cette distinction du duel et du pluriel disparaît partout avec le progrès de la civilisation, comme celle des formes inclusives et exclusives. Partout le progrès de la civilisation tend à détruire les formes demi-concrètes et à ne laisser subsister que l'opposition abstraite de deux catégories, celle de l'unité et celle de la pluralité. (Meillet 1921b : 66)

Il en tire une conclusion tranchée, à portée universelle : « Au contraire, la distinction d'un nombre duel distinct du nombre pluriel s'est éliminée partout avec le progrès de la civilisation. » (Meillet 1921b : 204). Un jugement comparable se retrouvait chez R. Gauthiot (1912). L'argument a même pris une coloration chauvine lorsque Meillet l'invoque, en pleine guerre, dans son étude sur les *Caractères généraux des langues germaniques*.

> Il n'y a dans tout cela rien de propre au germanique ; de pareils faits ont eu lieu sur tout le domaine indo-européen. On peut même dire que le germanique a été longtemps conservateur en morphologie. Par exemple, il avait des restes importants du duel en un temps où ni le grec, ni le latin, ni les langues de l'Inde, ni le perse n'en avaient plus aucun ; et ceci n'est pas surprenant ; car la disparition du duel est un fait de civilisation. (Meillet 1917 : 113)

Meillet retournait les prétentions pangermanistes à une authenticité aryenne, qui trouvait sa justification ethnique dans la proximité de certains traits de l'allemand et du proto-indo-européen, en une marque d'arriération dans le processus de civilisation.

3.2 *Le duel selon Cuny : la question du nostratique*

Albert Cuny (1869-1947) a été l'élève d'Antoine Meillet qui l'avait associé au travail de traduction de l'ouvrage comparatiste de référence publié par Brugmann et Delbrück (1905). Il a soutenu sa thèse sur le sujet donné par son directeur : *Le nombre duel en grec* (Cuny 1906a). De cette monographie, Meillet attendait qu'elle fournisse, en plus d'une large recension des attestations, une réfutation des thèses des Junggrammatiker, en particulier celles de B. Delbrück (1842-1922), et la démonstration d'une évolution de la grammaire, d'une finalité dans l'histoire, qui tendrait à la simplification des paradigmes.

La documentation est abondante ; Cuny l'expose en plus de cinq cents pages. Elle présente l'inconvénient de porter sur un état ancien de la langue qui n'est accessible qu'à partir de textes lacunaires. La fiabilité des informations est sujette à caution du fait d'un processus de transmission qui a privilégié des œuvres littéraires, philosophiques ou religieuses, c'est-à-dire relevant d'usages normatifs qui pouvaient ne pas correspondre aux pratiques réelles des locuteurs. Les conclusions auxquelles aboutit cette étude contreviennent, au sein du monde hellénique, au schéma attendu puisque c'est le dialecte attique, le parangon de la civilisation grecque, qui a renoncé le dernier au duel au cours du IVe siècle, bien après sa disparition en éolien et en ionien ou dans les colonies. Le changement, bien attesté, témoignait d'une dynamique sociale que freinait le conservatisme des lettrés.

Cuny s'est écarté progressivement du cercle des disciples de Meillet. Nommé à l'université de Bordeaux, il y fera toute sa carrière, à partir de 1910, en tant que professeur de latin et de grammaire comparée des langues indo-européennes, assurant un cours complémentaire de sanskrit qui avait fait l'objet de sa thèse secondaire (1906b). Sa vie durant, malgré la réprobation de la communauté des comparatistes, il s'est attaché à prouver la parenté des langues indo-européennes et afro-asiatiques (chamito-sémitiques) avec l'objectif de reconstruire la proto-langue commune aux deux familles linguistiques. Il reprenait l'hypothèse du « nostratique » qui avait été suggérée par Holger Pedersen (1867–1953), lequel incluait aussi les langues ouralo-altaïques — l'article où il le proposait pour la première fois portait sur le turc (Pedersen 1903). Dans les éléments de morphologie sur lesquels Pedersen fondait sa démonstration, le duel n'était pas mentionné. Au demeurant, alors qu'il avait annoncé qu'il développerait cette hypothèse, il n'y était pas revenu.

Cuny a fait sienne cette théorie en se limitant, dans la comparaison, aux deux familles indo-européenne et afro-asiatique. Il a concentré son analyse sur deux points en particulier : d'une part, la « théorie des laryngales », initiée par Saussure pour les langues indo-européennes en tant que « coefficients sonantiques » (Saussure 1879) et substantialisée par un rapprochement avec les langues sémitiques par Hermann Møller ; d'autre part, le marquage du genre et du nombre, en particulier le duel. Il s'est associé pour conduire ses recherches avec son collègue à l'Université de Bordeaux, Michel Feghali (1877–1945).

La question s'avère grevée d'enjeux socio-politiques qui interfèrent dans la démonstration (Bergounioux & Demoule 2020). Meillet ne jugeait pas soutenable un rapprochement par trop conjectural, à l'appui duquel aucune preuve décisive n'a pu être apportée, aucune réfutation définitive non plus. Après avoir accordé un soutien mesuré aux idées de Cuny dont il accueillait les *Études prégrammaticales sur le domaine des langues indo-européennes et chamito-sémitiques* (Cuny 1924) dans la collection de la Société de Linguistique de Paris qu'il dirigeait, Meillet l'a tenu à l'écart du *Bulletin de la Société de Linguistique de Paris*. Après 1924, Cuny a publié ses recherches dans la revue de la Faculté des Lettres de Bordeaux, la *Revue des Études Anciennes* (créée en 1899), et dans la *Revue Hittite et Asianique* (1930–1978).

Dans ce contexte, il n'était pas d'évidence pour Cuny de communiquer ses travaux. *La Catégorie du duel dans les langues indo-européennes et chamito-sémitiques* paraît chez un éditeur belge (Cuny 1930). La difficulté s'accroît quand sortent des presses des *Recherches sur le vocalisme, le consonantisme et la formation des racines en nostratique, ancêtre de l'indo-européen et du chamito-sémitique* (Cuny 1943) où l'unité primitive des Aryens et des Sémites était affirmée dans une France pétainiste sous occupation nazie.

L'hypothèse du nostratique a donné lieu à des regroupements variables de familles linguistiques. Même dans le périmètre limité aux deux familles retenues par Cuny, elle est écartée par la quasi-totalité des indo-européanistes sans réfutation définitive.

4. Tesnière et la Slovénie

4.1 *Tesnière slaviste*

Tel était l'état des discussions dans lesquelles Tesnière était amené à prendre position lorsqu'il a entrepris de consacrer son doctorat à la description du duel dans une langue vivante. Il profitait de sa présence sur place en tant que directeur du tout nouvel Institut français établi à Ljubljana, une tentative de la France d'affirmer son influence culturelle dans une Europe centrale où le rayonnement de la langue allemande déclinait. Au sortir de la guerre où il avait été fait prisonnier, Tesnière ne pouvait postuler dans l'enseignement supérieur faute d'un doctorat, c'est pourquoi il avait accepté cette affectation rejointe à la fin de l'année 1920. En même temps qu'il remplissait consciencieusement les obligations de sa fonction, il entreprenait la rédaction de ses thèses.

Tesnière n'a pas considéré le duel comme un postulat générique de la morphologie du slovène. Il a fait le choix d'en traiter l'usage à partir de ses variations dialectales à l'échelle du pays : il les considérait comme autant de témoignages des différents états d'un changement en cours, comme l'équivalent de la projection spatiale d'un processus diachronique. Parce qu'elle concernait un fait de grammaire, son étude écartait toutes les considérations d'ordre étymologique, sémantique et anthropologique qu'aurait impliquées une recherche lexicographique. La description phonologique, publiée ultérieurement, est principalement une relecture de la thèse de Ramovš (Tesnière 1929). La perspective était strictement d'ordre morphologique, ainsi que l'annonce dans le titre la mention « les formes ». Aucun jugement n'est prononcé dans l'ouvrage sur la consistance grammaticale ou la justification rationnelle du duel. Pour mieux faire ressortir ce qu'il y a d'original dans la démarche, on peut imaginer que Meillet aurait fait porter l'accent sur la dimension étymologique et historique et que Saussure aurait proposé la reconstruction du système.

Tesnière conduit son enquête dialectologique en reprenant le modèle de la « géographie linguistique » de Jules Gilliéron dont il a suivi les cours à l'École Pratique des Hautes Études : maillage du territoire, confection d'un questionnaire finalisé, enquête sur place auprès d'un témoin qualifié, transcription phonétique, report des données à raison d'un mot par carte, vérification à partir des sources écrites, présentation détaillée des principes, de la méthode et des résultats. Il réunit les matériaux nécessaires à l'analyse phonologique et morphologique du slovène en sollicitant des réponses à 225 questions sur la langue en général suivies de 200 questions concernant le duel proprement dit. Il ajoute à ces données une « petite collection de lettres intéressantes » parues dans la presse. Selon la tradition familiale, recueillie auprès de sa petite-fille, ces lettres seraient les réponses à une fausse annonce matrimoniale, rédigée par Tesnière lui-même, où il était demandé aux candidats au mariage d'évoquer en deux pages quelle était leur conception en matière de vie à deux.

Jusqu'alors, en France, les slavistes s'étaient consacrés avant tout à fixer les transformations des langues slaves, depuis l'origine, de l'indo-européen au slave commun (Meillet 1897a, 1897b, 1902-1905, 1905, 1924 ; cf. Archaimbault 2020), jusqu'à la description de l'état contemporain des différentes langues : tchèque (Mazon 1921), polonais (Meillet & Willman-Grabowska 1921), serbo-croate (Meillet & Vaillant 1924), bulgare (Beaulieux & Mladenov 1933).

L'intérêt de Tesnière s'est porté plutôt sur la variation interne que sur la définition d'une norme. C'est ainsi qu'il faut comprendre son affirmation : « La diffusion de la méthode géographique est appelée à ouvrir des horizons nouveaux aux slavistes. », une façon de se démarquer de ses collègues. Lors du Ier Congrès des Philologues slaves tenu à Prague en 1929, il a été chargé, conjointement avec Meillet, de préparer le projet d'un atlas linguistique slave.

4.2 Le duel selon Tesnière

Comme le prévoyaient les règles en vigueur, Tesnière a rédigé deux thèses, l'une principale où en 474 pages sont traitées *Les Formes du duel en slovène* (Tesnière 1925) avec, pour thèse secondaire, l'*Atlas linguistique pour servir à l'étude du duel en slovène* (Tesnière 1924) : les données étaient reportées sur 70 cartes précédées de 48 pages de commentaires. Ce serait le premier atlas imprimé concernant une langue slave. S'il écartait la littérature, qui était le choix attendu, son livre consacré à *Oton Joupantchitch, poète slovène* (Tesnière 1931), avec de nombreuses traductions de textes, devait combler plus tard cette lacune.

Voici les premières lignes de la préface de la thèse.

> On n'étonnera personne en disant que l'idée première de ce travail revient à M. A. Meillet. C'est que M. Meillet s'est toujours attaché à mettre en évidence, avec la finesse et la précision qui caractérisent sa méthode, l'étroite dépendance des faits linguistiques par rapport aux phénomènes sociaux ; plus qu'aucun autre linguiste, il a montré l'influence profonde exercée par le progrès de l'esprit humain et par sa marche vers l'abstraction sur le développement du langage et sur la disparition progressive des catégories concrètes. C'est ce qui explique l'attention particulière qu'il a toujours accordée à l'histoire du duel. (Tesnière 1925 : VIII)

Dans l'hommage obligé, et justifié, au maître, Tesnière résume la position de Meillet avec lequel il prend immédiatement ses distances.

> On admet en général avec M. Meillet que l'élimination du duel s'explique toujours et partout par le développement de la civilisation. (…) Il y a un anachronisme frappant à voir un peuple intelligent et civilisé employer jusqu'en plein xxe siècle une catégorie qui passe pour être l'indice d'une civilisation en retard. (…) Tels sont les motifs qui ont poussé l'auteur de ce travail à suivre le conseil de A. Meillet et à étudier, pour commencer, les formes du duel en slovène. (Tesnière 1925 : ix)

Conformément aux pratiques des comparatistes, Tesnière consacre une partie de son analyse à la diachronie, en quête de témoignages anciens dans une langue dont l'usage scriptural, apparu au xvie siècle, était resté limité.

> D'ailleurs, toute la vieille littérature slovène ayant un caractère religieux, on acquiert assez vite l'habitude de découvrir dès l'abord les passages susceptibles de fournir des données au point de vue du duel, par exemple l'histoire des deux aveugles, celle des deux fils de Zébédée et celle des deux larrons dans le Nouveau Testament, ou la légende du bienheureux saint Émeran, qui eut les deux yeux crevés, les deux oreilles coupées, les deux bras et les deux jambes tranchés. (Tesnière 1925 : xii)

Le travail de terrain révèle le caractère artificiel d'une partie des données qui avaient servi jusqu'alors à une présentation du duel comme inhérent à la structure de la langue, ce que les usages des locuteurs démentent largement à l'époque de l'enquête. Tesnière relève que les écrivains, à commencer par Oton Župančič, ont pris pour référence des dialectes ruraux, loin de la capitale, à l'écart des grands courants d'échange, et qu'ils entérinent les prescriptions de Jernej Kopitar (1780–1844) et Fran Metelko (1789–1860) qui ont privilégié la langue du xvie siècle, et pour Metelko en référence au dialecte de la Basse-Carniole, afin d'élaborer la grammaire du slovène. L'écriture littéraire, valorisée en tant que modèle scolaire, induit une réactivation de formes en régression dans l'usage général ; l'emploi du duel en constitue un exemple typique.

Désormais docteur, Tesnière est nommé à l'Université de Strasbourg en 1924, où il succède à André Mazon, avant de rejoindre l'Université de Montpellier en 1937, dans une relation difficile avec A. Meillet et les slavisants qui acceptaient difficilement ses conclusions et son esprit d'indépendance (Bergounioux 2023). Tesnière a publié d'autres travaux sur le slovène mais il n'en a jamais rédigé la grammaire.

5. *Un bilan*

La confection de l'atlas révèle l'influence prédominante du croate qui confirme la continuité de l'aire slave — au nom de laquelle Meillet justifiait un rapprochement — et la résistance aux influences latine et germanique. Le duel en offre le témoignage : d'abord en recul dans les zones de contact avec la Croatie, il s'efface progressivement dans la capitale où des motivations sociales prennent le relais des effets du contact dialectologique. L'emploi du duel est marqué comme « rural » puisque c'est en Basse-Styrie qu'il s'est le mieux conservé, c'est-à-dire dans la zone la plus reculée, la moins accessible, à l'est du pays. Indirectement, Tesnière confirmait le parallèle entre le développement socio-économique (plutôt que civilisationnel) et la tendance à la simplification de la morphologie flexionnelle.

Une autre découverte de Tesnière est que la préservation du duel dans les parlers slovènes n'a pas empêché une transformation du fonctionnement des marques au cours des siècles ; une suite de refontes partielles ont profondément altéré l'aspect de détail (Tesnière 1925 : 425) avec une progression inégale. La disparition du duel ne s'est pas réalisée de manière globale. Pour les cas, elle concerne successivement le locatif puis, dans l'ordre, le génitif, le datif, l'instrumental et, en dernier, le nominatif-accusatif. Pour le genre, elle intervient en premier sur le féminin avant le neutre et finit par le masculin. Si l'on examine les catégories, l'effacement commence par l'adjectif avant de s'étendre au démonstratif, aux noms et aux pronoms personnels. Le processus n'est pas forcément linéaire puisque le duel des verbes, après une phase de réduction advenue plus rapidement que pour les catégories nominales, a été revitalisé.

Malgré la rigueur de ses analyses, Tesnière n'est pas parvenu à dissocier, dans l'opinion de ses contemporains, le système de la langue d'un jugement sur le degré de civilisation. L'un des disciples les plus fidèles de Meillet, Joseph Vendryes (1875–1960), revenant « Sur le nombre duel », déclare :

> Il s'agit en même temps d'un progrès de l'esprit dans le sens de l'abstraction, c'est-à-dire que l'élimination du duel est un fait de civilisation des mieux caractérisés. Meillet a bien souvent attiré l'attention sur ce fait, qu'il citait volontiers comme une des preuves les plus frappantes de l'action de la société sur la langue. Le duel s'élimine de toutes les langues qui deviennent des langues de civilisation, au fur et à mesure qu'elles le deviennent. Il se conserve dans les langues de populations arriérées, nomades ou retirées dans des régions écartées loin des grands courants de la civilisation. (Vendryes 1937 : 125-126)

Deux ans plus tard, Benveniste traitera cette question de façon originale (Zinzi 2019). Il mettra en évidence que le duel n'est pas, primitivement, un élément de décompte qui s'intercale entre l'unité et le pluriel quand un second élément s'ajoute à un précédent de même type, mais la division interne à un élément conçu comme unique, sa partition en deux moitiés.

6. *Conclusion*

Tesnière avait toutes les raisons d'être tenu en lisière de l'école française de linguistique. Les slavistes de son temps étaient peu sensibles à une prise en compte de la variation dialectale, plus intéressés par la philologie et la littérature. Ils avaient fait leur l'opinion de Meillet du slovène comme marge du serbo-croate. La publication de la *Petite grammaire russe* en 1934 empiétait sur les prérogatives d'André Mazon (1881–1967) et André Vaillant (1890–1977). Le rapprochement amorcé avec le Cercle Linguistique de Prague, alors que ses collègues entretenaient des relations compliquées — qui allaient devenir conflictuelles — avec Troubetzkoy et Jakobson, contribuait à l'accroissement des désaccords :

> (...) il fut par ailleurs l'unique slaviste français à être un compagnon de route des membres de l'École de Prague avant la dernière guerre. Effectivement, on trouve alors sous sa plume, dans les publications du Cercle, « Synthétisme et analytisme », « Phonologie et mélange de langues » ; il participe aussi aux réunions, comme avec sa conférence intitulée « Duel et géographie linguistique » délivrée en 1927 (...) » (Comtet 2021 : 116)

De même, les rapports de Meillet avec les structuralistes pragois, en dépit de sa revendication réitérée d'avoir été l'élève de Saussure, n'étaient guère meilleurs sur le fond. Les recherches entreprises sur un autre modèle de description grammaticale qui devaient aboutir en 1959 à la publication posthume des *Éléments de syntaxe structurale* éloignaient plus encore Tesnière des comparatistes de la Société de Linguistique de Paris.

À défaut d'avoir pu imposer sa méthode d'enquête et sa vision dynamique du changement en temps réel (par une projection dans l'espace), Tesnière a rappelé que tout système équivaut à tout autre système. Il n'y a pas de langues arriérées, seulement les effets d'un changement où les innovations du contact sont contrebalancées par le conservatisme littéraire. Les progrès de la raison ne sont pas en cause : la réduction du duel n'est jamais qu'une simplification résultant d'un développement des échanges et des interactions.

Références

Archaimbault, S., (2020), 'Antoine Meillet et l'unité slave', *Revue des études slaves*, 41(1-2), 13–27.
Beaulieux, L., S. Mladenov, (1933), *Grammaire de la langue bulgare* (Paris : Champion).
Bergounioux, G., J.-P. Demoule, (2020), 'L'indo-européen entre épistémologie et mythologie', https://shs.hal.science/halshs-02924306v2/document.
Bergounioux, G., (2023), 'Lucien Tesnière (1893–1954) : du slovène à la syntaxe structurale', in *L'Œuvre de Lucien Tesnière. Lectures contemporaines*, éd. par F. Neveu, et A. Roig, 121–134 (Berlin : De Gruyter).
Bréal, M., (1897), *Essai de sémantique* (Paris : Hachette).

Brugmann, K., B. Delbrück, (1905), *Abrégé de grammaire comparée des langues indo-européennes* (Paris : Klincksieck).

Cœurdoux, G.-L., (1777), *Mœurs et coutumes des Indiens* (Paris : N.-J. Desvaulx).

Comtet, R., (2021), 'L'histoire de la science du langage et la didactique des langues', *Cahiers du CLSL*, 65, 105–131.

Cuny, A., (1906a), *Le Nombre duel en grec* (Paris : Klincksieck).

——, (1906b), *Les Préverbes dans le « Catapathabrahmana »* (Paris : Imprimerie Nationale).

——, (1924), *Études prégrammaticales sur le domaine des langues indo-européennes et chamito-sémitiques* (Paris : Champion).

——, (1930), *La Catégorie du duel dans les langues indo-européennes et chamito-sémitiques* (Bruxelles : Lamertin).

——, (1943), *Recherches sur le vocalisme, le consonantisme et la formation des racines en nostratique, ancêtre de l'indo-européen et du chamito-sémitique* (Paris : Adrien Maisonneuve).

Feghali, M., A. Cuny, (1924), *Du Genre grammatical en sémitique* (Paris : P. Geuthner).

Gauthiot, R., (1912), 'Le nombre duel', in *Festschrift für Vilhelm Thomsen*, hrsg. von E. Kuhn, 127-133 (Leipzig : O. Harrassowitz).

Humboldt, W. von, (1828/2021), 'Le duel', in *Introduction à l'œuvre sur le kavi*, 97-132 (Limoges : Lambert-Lucas).

Jespersen, O., (1924/1971), *La Philosophie de la grammaire* (Paris : Payot).

Mazon, A., (1921), *Grammaire de la langue tchèque* (Paris : Champion).

Meillet, A., (1897a), *Du Genre animé en vieux-slave et de ses origines indo-européennes* (Paris : É. Bouillon).

——, (1897b), *Recherches sur l'emploi du génitif–accusatif en vieux–slave* (Paris : É. Bouillon).

——, (1902–1905), *Études sur l'étymologie et le vocabulaire du vieux slave*, 2 vols. (Paris : É. Bouillon).

——, (1905), *Études sur l'étymologie et le vocabulaire du vieux slave* (Paris, Champion).

——, (1917), *Les caractères généraux des langues germaniques* (Paris : Hachette).

——, (1918), *Les langues dans l'Europe nouvelle* (Paris : Payot).

——, (1921a), 'Le duel chez Homère', *Mémoires de la SLP*, 22(4), 145–164.

——, (1921b), *Linguistique historique et linguistique générale I* (Paris : Champion).

——, (1924), *Le Slave commun* (Paris : Champion).

Meillet, A., A. Vaillant, (1924), *Grammaire de la langue serbo-croate* (Paris : Champion).

Meillet, A., H. Willman-Grabowska, (1921), *Grammaire de la langue polonaise* (Paris : Champion).

Moret, S., (2019), 'Autour des « Langues dans l'Europe nouvelle ». Une réception de Meillet par les adeptes des langues artificielles, *Histoire Épistémologie Langage*, 41(2), 157–176.

Pedersen, H., (1903), 'Türkische Lautgesetze', *Zeitschrift der Deutschen Morgenländischen Gesellschaft*, 57, 535–561.

Ramovš, F., (1914), *Die Entwicklung des Protoslawischen reduzierte Vokale im Slowenisch*, Graz, Thèse de doctorat.

Tesnière, L., (1924), *Atlas linguistique pour servir à l'étude du duel en slovène* (Paris : Champion).

——, (1925), *Les Formes du duel en slovène* (Paris : Champion).

——, (1929), 'L'accent slovène et le timbre des voyelles', *Revue des études slaves*, 9(1-2), 89–118.

——, (1931), *Oton Joupantchitch, poète slovène* (Paris : Les Belles-Lettres).

——, (1934), *Petite Grammaire russe* (Paris : Didier).

——, (1959), *Éléments de syntaxe structurale* (Paris : Klincksieck).

Sandra Covino
LINGUE, NAZIONI E CONFINI NEL CARTEGGIO D'OVIDIO-SCHUCHARDT

Abstract: The article discusses the contrast between the scholarly and militant writings produced by H. Schuchardt in the second decade of the twentieth century. The letters that the German linguist and the Italian philologist F. D'Ovidio exchanged between 1919 and 1921, which focused on the annexation of South Tyrol to Italy and the language-nation pair, serve as the point of departure. Despite Schuchardt's justified reputation as a "cosmopolitan" linguist, linked to his major works, the essay highlights the principle upheld by the scholar in the early post-war years, namely the concept of the ethno-linguistic border as the only legitimate political frontier. Such a "regression" to linguistic nationalism and the vision of nation-states calls into question the conditioning that the bloody clash of nationalities and the so-called "war of spirits" exerted on European intellectuals at the time of World War I. It also allows us to reflect on today and on the relationship between linguistic identity and state borders, once again exposed to political manipulation.

Key words: H. Schuchardt, F. D'Ovidio, linguistic nationalism, linguistic and political borders, Great War.

1. *Introduzione*

Il carteggio tra Hugo Schuchardt (Gotha 1842–Graz 1927) e Francesco D'Ovidio (Campobasso 1849–Napoli 1925), di cui ho curato l'edizione per lo *Hugo Schuchardt Archiv* di Graz, copre l'ampio arco cronologico dal 1875 al 1921 e presenta vari motivi di interesse, confermando il valore euristico dell'esplorazione di carteggi privati e della *social network analysis* negli studi di storiografia linguistica e, più in generale, di storia delle idee (cf. Hurch 2009a; Melchior & Schwägerl-Melchior 2017).

Le missive di D'Ovidio (63 pezzi) sono custodite presso la Biblioteca universitaria di Graz; gli autografi di Schuchardt (31 pezzi) presso il Centro Archivistico della Scuola Normale Superiore di Pisa.[1] Ho avuto già modo, in altre sedi, di evidenziare sia il rilievo teorico di questioni oggetto del dialogo epistolare, come ad esempio l'ineccepibilità delle leggi fonetiche e il principio ascoliano delle reazioni etniche (cf. Covino 2020, 2023a), sia aspetti metodologici su cui la corrispondenza getta importanti coni di luce, come le procedure di lavoro adottate da Schuchardt nelle sue pioneristiche indagini di etnografia linguistica (cf. Covino 2021).

In questo contributo, prenderò le mosse dalle ultime nove lettere che il linguista di Graz e il filologo romanzo dell'Università di Napoli si scambiarono tra il 1919 e il 1921, discutendo sul rapporto tra lingue, nazioni e confini. Il confronto dialettico tra i due corrispondenti è esaminato in dettaglio nell'appendice al volume *Linguistica e nazionalismo tra le due guerre mondiali* (Covino 2019: 129–192); di quelle lunghe missive qui richiamerò solo pochi passi salienti, utili come punto di partenza per un'analisi che punta a mettere a fuoco il contrasto tra gli scritti scientifici e quelli militanti prodotti da Schuchardt nel secondo decennio del Novecento.

2. *Schuchardt, l'Italia e il trauma della Grande Guerra*

Al paese "wo die Zitronen blüh'n" Schuchardt fu legato sia da interessi scientifici sia da un'attrazione che potremmo definire intensamente affettiva, provata fin dal suo primo lungo soggiorno

---

1 Per indicazioni più dettagliate, rimando a *Gegenbriefe* e *Briefedition und Kommentare*, in Covino (2022: https://gams.uni-graz.at/o:hsa.person.1353). Sul profilo biografico di D'Ovidio, cf. le notizie e la bibliografia secondaria fornite in Covino (2020: 120–125 e nn. 3-6). Per quanto riguarda Schuchardt, è sufficiente rinviare al sito dello *Hugo Schuchardt Archiv* (https://gams.uni-graz.at/context:hsa), dove si possono consultare i carteggi del celebre linguista finora editi, tutte le sue pubblicazioni (incluse le traduzioni in lingue straniere), un portale tematico e un'ampia lista di letteratura secondaria.

romano tra il 1868 e il 1869. Questo sentimento subì una forte incrinatura a causa dello scoppio della Grande Guerra e della discesa in campo dell'Italia a fianco della Triplice Intesa. Nel libello *Aus dem Herzen eines Romanisten* (1915a), l'autore espresse non solo le sue dure critiche all'interventismo italiano, ma anche la forte preoccupazione per il clima di ostilità che aveva contaminato le comunità scientifiche dei paesi in guerra, denunciando in particolare il sentimento antitedesco serpeggiante da tempo nella cultura italiana e l'odio che era stato inoculato nella popolazione; in breve, per usare le parole di Cesare Segre (1989: 303), la sua profonda delusione di "innamorato dell'Italia che si sente tradito".

In tutti i campi del sapere, la guerra scosse profondamente e, in molti casi, compromise irrimediabilmente amicizie professionali che, prima del conflitto, varcavano i confini nazionali. Il fenomeno va collocato e interpretato nel clima generale di forte mobilitazione patriottica delle élite intellettuali, a cui pochissimi riuscirono a sottrarsi; ancor meno tra i docenti universitari: la stragrande maggioranza di essi mise le sue competenze al servizio delle rispettive cause nazionali, sul piano dell'azione propagandistica oppure dei ritrovati bellici, costituendo così una sorta di "terzo fronte" del terribile scontro in atto (cf. Prochasson 2008).

Schuchardt partecipò attivamente alle polemiche che si dispiegarono su giornali e riviste (cf. Golob 2019: 58–63).[2] In un interessante articolo sulla corrispondenza con Elise Richter, Bernhard Hurch (2009b: 137–138) ha ricordato tra l'altro il sostegno incondizionato offerto da Schuchardt al "Manifesto dei 93" e la stigmatizzazione dei colleghi appartenenti a nazioni ostili, come Joseph Bédier e Theofilo Braga, che avevano condannato il militarismo germanico e gli eccidi compiuti dall'esercito tedesco in Belgio (cf. Schuchardt 1915b-d, 1916).

Del resto, già alla vigilia del conflitto, lo scienziato delle lingue si era trasformato in pubblicista politico, avvicinandosi alle posizioni del purismo xenofobo espresse dall'*Allgemeiner Deutscher Sprachverein*: si vedano i pamphlet *Deutsche Schmerzen* (1913) e

---

2 Nel suo complesso il saggio, incluso nella miscellanea *War and the Humanities*, ricostruisce gli interventi giornalistici e l'orientamento "Germannationalist" dei linguisti tedescofoni dell'Università di Graz.

Deutsch gegen Französisch und Englisch (1914). Qui Schuchardt arrivò ad affermare: "wie die Deutschen gegen Franzosen und Engländer um den Platz an der Sonne kämpfen, so das Deutsche gegen Französisch und Englisch" (1914: 21).[3]

Quanto all'amarezza provata nei confronti dell'Italia, essa emerge chiaramente anche nella sezione finale della corrispondenza con D'Ovidio. Il carteggio, interrottosi durante gli anni di guerra, riprese nel novembre 1919 per iniziativa del filologo molisano, ma si arenerà — e questa volta definitivamente — sul nervo scoperto della questione altoatesina, una "ferita immedicabile, uno dei motivi principali del [...] risentimento antitaliano" di Schuchardt, ha scritto Guido Lucchini (2008: 211–213), commentando le manifestazioni di questo trauma presenti anche nel carteggio del linguista di Graz con Leo Spitzer.

3. Lingua, popolo e nazione nelle lettere a D'Ovidio

D'Ovidio, che nel gennaio 1915 aveva scritto all'amico "Non vedo l'ora che la pace torni a brillare nel mondo" (Covino 2022: 84-08490), dopo la guerra cercò di mitigare il dolore del collega tedesco. D'altra parte, da presidente dell'Accademia dei Lincei, non solo rivendicò la fedeltà di quell'istituzione scientifica al principio da lui propugnato sin dal 1914, cioè che "il puro patriottismo non degenerasse in passione politica" (ivi: 88-08493), ma respinse, con moderazione pari alla fermezza, la reazione negativa di Schuchardt di fronte all'annessione del Tirolo meridionale all'Italia. La posizione assunta da D'Ovidio fu certo condizionata dall'interesse politico della propria nazione; tuttavia, la sua riflessione appare comunque ispirata a una concezione dell'identità linguistica assai moderna, soprattutto perché svincolata dall'appartenenza statale (cf. Covino 2019: 152–161).

In risposta alla lettera con cui D'Ovidio aveva cercato di riallacciare i loro rapporti, il 19 novembre 1919 Schuchardt si

---

3   "Come i Tedeschi combattono contro Francesi e Inglesi per il posto al sole, così il tedesco contro il francese e l'inglese".

dichiarava commosso per l'interesse del collega al suo "Sein oder Nichtsein", ma lasciava trapelare la sua costernazione per gli accordi di pace, che avevano *verstümmelt*, ovvero mutilato, il *Volkstum* tedesco a tutti i confini, nonché il suo profondo sconforto per le prospettive presenti e future dei paesi sconfitti: "Erfrieren, Verhurngern, Epidemien stehen vor der Tür und die Gefahr neuer Kriege um Horizont" (ivi: 86-HSFDO31).[4]

Più esplicito il riferimento alla perdita austriaca del *Südtirol* contenuto nella lettera del 6 giugno 1920:

> Dobbiamo insistere — asseriva Schuchardt — sul nostro diritto all'autodeterminazione (la grazia di un'autonomia non è sufficiente) [...]. Non ho mai desiderato che i Tedeschi dominassero sugli Italiani; dovrei guardare la situazione contraria con occhi estranei? A noi Tedeschi è stato preso tutto o lo sarà; a una cosa dobbiamo aggrapparci a oltranza, alla nostra lingua e alla sua perfetta libertà, non soffocata in qualche modo da un'altra. Anche Barbusse riconosce come unico confine legittimo quello tra le lingue nazionali (ivi: 89-HSFDO33).

La risposta di D'Ovidio arriverà solo il 25 novembre 1920 e dopo una nuova sollecitazione da parte di Schuchardt. Le argomentazioni del collega italiano lo colpiscono profondamente, tanto che le sue controrepliche occuperanno lo spazio di ben due lunghe lettere, le ultime del carteggio: quella del 16 dicembre 1920 e quella del 3 gennaio 1921. In entrambe, Schuchardt contesta le "ragioni topografiche ineluttabili" invocate da D'Ovidio e denuncia ripetutamente la violazione del diritto delle genti all'autodeterminazione, rimarcando in particolare che non si trattava di poche migliaia di Tedeschi, bensì di centinaia di migliaia. La deroga accettata, nel caso dei Sudtirolesi, dallo stesso presidente americano Woodrow Wilson al nono dei suoi celebri quattordici punti, induce Schuchardt a parlare di vero e proprio stupro e a respingere i motivi di sicurezza militare:[5] l'annessione

---

4   "Congelamento, fame, epidemie sono alle porte e il pericolo di nuove guerre all'orizzonte". Per brevità, d'ora in avanti gli autografi di Schuchardt saranno citati direttamente nella mia traduzione in italiano.

5   Quei motivi avevano indotto Wilson ad accettare che la linea del confine italiano fosse spostata fino al Brennero, mentre furono da lui respinte le rivendicazioni italiane sulla Dalmazia, basate sul patto di Londra. La

non rappresentava l'eliminazione di un pericolo, quanto piuttosto un pericolo in sé (con allusione ai risentimenti e al desiderio di rivalsa che avrebbe provocato).

Particolarmente rilevante, ai fini del nostro discorso, un passo della lettera del 16 dicembre 1920, in cui, a proposito del "confine naturale" al Brennero, Schuchardt tornava a citare Henri Barbusse:

> Innanzitutto, respingo nuovamente un'espressione che viene utilizzata in questo contesto, quella dei confini naturali. Sono dell'opinione di Henri Barbusse che i confini sono generalmente stabiliti artificialmente e che devono essere riconosciuti solo quei confini che siano determinati dalla lingua, dall'arte e dai costumi dei popoli (ivi: 92-HSFDO35).

Figura complessa ed eclettica di intellettuale marxista, Barbusse si impegnò, negli anni successivi alla prima guerra mondiale, in una riflessione pacifista sulle cause dei conflitti armati e su quei fattori che avrebbero potuto scatenare nuove catastrofi. Nei suoi scritti interrogabili nel sito gallica.bnf.fr, non è reperibile il passo a cui Schuchardt fa riferimento, ma nell'opera dello scrittore francese sono indubbi il totale rifiuto di frontiere e antagonismi nazionali e l'aspirazione all'unione fraterna dell'intera umanità (cf. Covino 2023b). Se pensiamo allo Schuchardt "propagandista di guerra", come lo definisce Hurch (2009b: 138) in riferimento a ben nove delle dieci pubblicazioni schuchardtiane del 1915, l'insistente richiamo a Barbusse nelle lettere a D'Ovidio appare alquanto strumentale.

Ben più profondo e coerente, per affinità ideologica, l'interesse verso lo scrittore francese coltivato da Spitzer, che alla produzione di Barbusse e ai suoi "stili" dedicò una serie di saggi, da cui traspare consonanza emotiva e valoriale (cfr. Spitzer 1920). Proprio durante il conflitto bellico, Spitzer, approfittando dell'interruzione forzata del suo servizio di censore militare a causa di un'infiammazione

---

complessa realtà etnica europea, specie nell'area orientale del continente, rese comunque impossibile tracciare frontiere che non lasciassero minoranze alloglotte all'interno di vari paesi (cf. Goldstein 2005: 44-47, 53).
Paradossalmente, proprio l'esigenza di garantire l'omogeneità etnico-nazionale di determinate aree territoriali avrà nel corso del Novecento tragiche conseguenze, come lo sterminio di minoranze e lo spostamento coatto di intere popolazioni (cf. Cattaruzza, Dogo, & Pupo 2000).

ai polmoni, aveva concepito due interventi, l'*Anti-Chamberlain* e *Fremdwörterhatz und Fremdvölkerhaß* (Spitzer 1918 e 1919), contro il nazionalismo linguistico e lo sciovinismo a sfondo razzistico che nel clima esacerbato della sconfitta si stavano sempre più diffondendo nei paesi germanofoni. Il maestro di Graz recensì entrambi gli scritti del giovane romanista viennese: riguardo al secondo, Schuchardt (1919) respinse l'idea che il suo "patriottismo" fosse meno favorevole alla "serenità scientifica" del cosmopolitismo abbracciato da Spitzer. Quanto al libello contro le teorie di Houston Stewart Chamberlain sulla superiorità della razza ariana e della lingua tedesca, che Spitzer aveva dedicato proprio a Schuchardt, il recensore si limitò a condividerne in linea di massima le conclusioni, senza nascondere, però, il suo dissenso verso la "Militarisierung der Wissenschaft", cioè verso l'uso che a suo avviso Spitzer aveva fatto della scienza come arma politica (cf. Schuchardt 1918). Questo l'acuto commento di Gusmani (2003: 30):

> In realtà Schuchardt non si rendeva conto che Spitzer — forse proprio perché appartenente alla comunità destinata ad essere la prima vittima del razzismo — possedeva [...] la lucidità necessaria per scorgere, attraverso il guscio d'uovo del serpente, il mostro che ne sarebbe presto uscito.

4. *Confini linguistici e frontiere statali nella riflessione politica di Schuchardt*

Al di là di queste pur significative frizioni tra discepolo e maestro d'elezione, è sul concetto di confine linguistico — e di confine linguistico come frontiera politica — che vorrei soffermarmi per riflettere sulle contraddizioni teoriche di Schuchardt. Infatti, lo stretto collegamento dell'identità linguistica a un territorio e la connessa interpretazione in chiave etnica delle diversità linguistiche presuppone, così come l'ideale puristico della *Sprachreiningung*, proprio quella ipostatizzazione delle lingue come unità omogenee, dai confini ben definibili, che il maestro di Graz aveva messo in discussione fin dai suoi primi importanti lavori accademici sui dialetti romanzi e la loro classificazione.⁶ Si tratta di nozioni che, almeno sul piano scientifico, continuerà a respingere anche nei suoi interventi più tardi sul tema della parentela, del contatto e della mescolanza linguistica, come *Sprachverwandtschaft* (Schuchardt 1917) e *Das Baskische und die Sprachwissenschaft* (Schuchardt 1925), per non parlare del suo costante interesse per le lingue creole e i pidgin, la *lingua franca*, le lingue artificiali internazionali. E, si badi bene, l'azione della *Vermischung* ('meticciamento') sulle lingue, da concepire non come entità ma come funzioni, opererebbe ovunque per il maestro di Graz: non solo sui dialetti vicini ma anche sulle lingue che non sono affatto imparentate fra loro geneticamente (cf. Schuchardt 1917: 522). In questo senso, il ruolo di Schuchardt è stato decisivo per l'emersione nella linguistica storica di un nuovo paradigma scientifico, tendente cioè a evidenziare la graduale diffusione nello spazio delle innovazioni linguistiche e il ruolo delle interferenze che, attraversando i confini linguistici, danno origine a comunanze e fenomeni di integrazione tra lingue non correlate.

Certo, si potrà obiettare che il punto di vista di Schuchardt negli scritti militanti e nelle lettere del dopoguerra a D'Ovidio è quello delle "lingue nazionali", codificate in forme istituzionali e con uno status diverso rispetto alla maggiore instabilità, più aperta alle contaminazioni, delle lingue parlate, ma il nodo della questione, in fondo, sta proprio qui; cioè in questo cambio di prospettiva dell'anziano linguista in direzione della concezione delle lingue quali emblemi degli Stati nazione.

Le implicazioni politiche delle critiche alle metafore organicistiche della linguistica storico-comparativa e al modello schleicheriano dell'albero genealogico, che anni prima Schuchardt aveva ripudiato a favore di una nuova costellazione di immagini (l'onda, i cerchi concentrici, la spirale e poi il cono), non sfuggirono ai contemporanei. Ilaria Tani ha ricordato a questo proposito il giudizio di Jacob Wackernagel (1904: 112):

---

6   L'imponente monografia sul vocalismo del latino volgare (Schuchardt 1866-1868) e la *Probe-Vorlesung* lipsiense del 1870 pubblicata solo trent'anni dopo (Schuchardt 1900).

mentre la linguistica del comparatismo era alimentata da un ideale di tipo nazionale, che portava a enfatizzare le peculiarità e le differenze tra gruppi etnici, la nuova linguistica rispondeva a una sensibilità politica orientata in senso internazionale, e, dunque, rivolgeva il suo interesse a ciò che accomuna i popoli e le lingue più che a ciò che li divide (Tani 2013: 97).

Nel 1884, in *Slawo-Deutches und Slawo-italienisches*, una pietra miliare negli studi sull'interferenza linguistica in situazioni di bilinguismo, Schuchardt aveva evidenziato anche la rilevanza politico-sociale del fenomeno, riflettendo, nelle pagine conclusive, sul valore del plurilinguismo e dell'integrazione tra lingue e culture diverse per la sopravvivenza di un'istituzione come la monarchia asburgica. Negativo, a questa altezza cronologica, il suo giudizio sugli eccessi del patriottismo e del purismo linguistico sia di parte tedesca sia di parte slava. Il nazionalismo di ogni colore, combattendo la mescolanza linguistica, negava — a suo avviso — una realtà di fatto e, privilegiando la scrittura rispetto agli usi orali, incorreva nell'errore di considerare la lingua materna un valore assoluto e una realtà costante. Quanto ai conflitti linguistici, la soluzione del problema sarebbe stata agevolata solo da un'apertura agli scambi reciproci e dall'attenzione non ad astratte esigenze nazionali, bensì ai bisogni concreti dei parlanti (cfr. Schuchardt 1884: 136). Due anni dopo, in risposta alle critiche ricevute, dichiarò di avere voluto portare la scienza nella politica e non viceversa, nella convinzione che la scienza avrebbe potuto orientare positivamente il dibattito politico (cf. Schuchardt 1886)

La lettura di *Slawo-Deutches und Slawo-italienisches* spinse Michel Bréal a mettersi in contatto con l'autore; nella prima lettera, inviata nel marzo 1889 a quello che considerava un interlocutore privilegiato, il linguista francese scriveva: "ils [les hommes] seraient bien fous de se laisser persuader que le langage forme une frontière nécessaire" (Hausmann 2019: 01-01321) e anticipava alcune considerazioni che avrebbe sviluppato nel saggio *Le langage et les nationalités*, apparso due anni dopo nella *Revue des deux mondes* (Bréal 1891). In questa sede lo studioso criticherà il ruolo "flatteur" ma "dangereux" assunto dalla linguistica nella teoria delle nazionalità, respingendo le "séparations tranchée" e la concezione che farebbe della lingua il segno dell'appartenenza a una nazione e il discrimine tra le nazionalità (cf. Chiss 2011: 48-49 e la specifica disamina di Desmet & Swiggers 2000).

Nel 1898, però, lo stesso Schuchardt confesserà, in *Tchèques et Allemands*, che le sue riflessioni sul crescente conflitto linguistico, esploso durante la Badeni-Krise,[7] erano "une sorte 'd'exercices spirituels' destinés à me prémunir contre le chauvinisme dont je sentais en moi les germes" (1898: 4). Quei germi, evidentemente non del tutto espulsi, riacquistarono vigore negli anni successivi e presero addirittura il sopravvento sul "naturale moderatismo" di Schuchardt con lo scoppio del conflitto bellico (cf. Gusmani 1991: 212–213). Si spiega così, nel clima coevo di esasperate tensioni nazionalistiche, la regressione del maestro di Graz — testimoniata dalle ultime lettere a D'Ovidio e da tanti suoi scritti propagandistici — alla rigida concezione romantica del rapporto tra lingua, popolo e territorio; concezione che, per altro, solo a partire dall'ultimo terzo del XIX secolo aveva assunto implicazioni e risvolti concretamente politici, proprio in relazione all'ascesa degli Stati nazione (cf. Hobsbawm 1991: in partic. 119–139).[8]

Non a caso i movimenti nazionalistici e i loro attivisti furono fortemente impegnati, nei decenni che precedettero la prima guerra mondiale, nella trasformazione di regioni rurali tradizionalmente plurilingui ai confini dell'impero asburgico in frontiere linguistiche dalla funzione politica (cf. Judson 2006). In anni a noi più vicini, la dissoluzione di Stati multinazionali ha comportato nuovamente la strumentalizzazione ideologica del fattore linguistico, che spesso sfocia in operazioni alquanto artificiose di scissione linguistica

---

7 La *Sprachordung* emanata nell'aprile 1897 dal primo ministro, il conte polacco Kazimierz Badeni, introdusse l'obbligo del bilinguismo tedesco-ceco per tutti i funzionari statali in Boemia e in Moravia. Tale decreto suscitò la ribellione dei partiti nazionalisti e dell'opinione pubblica austro-tedesca: i disordini parlamentari toccarono l'apice nel novembre 1897 e furono accompagnati da durissime dimostrazioni di piazza, che costrinsero Badeni alle dimissioni (cf. Macartney 1981: 748–752).

8 Le ragioni per cui la lingua, percepita come elemento in grado di definire la nazione e legittimarne le aspirazioni, è entrata a fare parte dell'ideologia e delle rivendicazioni nazionaliste, sono state indagate in vari studi; in proposito rimando sinteticamente alla panoramica di Zantedeschi (2010).

funzionali a obiettivi politici, come nel caso della divisione del serbo-croato in varie lingue distinte (cf. Garde 2019; Carmichael 2002).

Tornando al primo dopoguerra, va osservato che nei dibattiti pubblici il principio che individua nelle lingue un criterio tangibile e legittimo di confine tra Stati trovò molti sostenitori proprio tra i linguisti, al punto che, mai come in quel periodo, riconoscere i limiti geografici di una lingua sembrò equivalere alla possibilità di tracciare le frontiere della nazione corrispondente (cf. Sériot 1996: 277).[9] Nello schieramento opposto a quello filotedesco di Schuchardt, si può ricordare l'esempio di Antoine Meillet, chiamato sin dal 1917 dal governo francese a collaborare con diplomatici e militari alla ricerca di soluzioni "naturali e scientifiche" con cui ridisegnare le frontiere dell'Europa post-bellica (cfr. Moret 2011).

Non stupisce, dunque, che in Schuchardt sia rilevabile negli anni a cavallo della Grande Guerra un doppio sistema di idee e di indirizzi concettuali a seconda dell'ambito e delle finalità dei suoi scritti: da una parte i principi concepiti dallo scienziato delle lingue e dal teorico della *Sprachmischung*, dall'altra quelli che ispirano l'opinionista politico e l'uomo pragmaticamente schierato nella difesa del proprio *Volkstum*. È questo "secondo" Schuchardt l'intellettuale che riflette e propone soluzioni sulla riorganizzazione dell'Europa e in particolare sui rapporti italo-austriaci, ricorrendo ad argomenti linguistici più vicini al vecchio comparativismo ottocentesco e, sul piano filosofico, alla linea Hamann-Herder-Fichte. Di fronte al crollo di quel "grandioso esperimento" che era stato per Schuchardt l'impero multinazionale asburgico, la sua reazione recuperava l'identificazione fichtiana dello Stato con la nazione, intesa in termini di identità collettiva e omogenea all'interno, discontinua all'esterno, anche — anzi soprattutto — dal punto di vista della lingua. In questa prospettiva, infatti, la compattezza e unicità linguistica della nazione costituisce la condizione necessaria alla realizzazione dei fini sopra-individuali della comunità, a sua volta e al tempo stesso entità naturale, linguistica e statale (cf. Formigari 2011: 40).

---

9   L'intreccio tra lingua, etnia e nazione negli orientamenti ideologici che ispirarono il riassetto dell'Europa uscita dal primo conflitto mondiale è messo bene a fuoco in Zantedeschi (2021).

Nell'*Einleitung* allo *Hugo Schuchardt-Brevier*, così Spitzer si esprimeva a proposito dell'attività di pubblicista politico del grande linguista:

> La presentazione pratica della dottrina di Schuchardt non sarà inopportuna nel momento attuale in cui tutta l'Europa sanguina per ferite non ancora rimarginate: dalle sue teorie sull'eterna mescolanza delle nostre razze, culture, lingue derivano la sua equità e tolleranza nei confronti delle lingue come delle nazioni. Schuchardt è un riconciliatore di popoli, forse non un pacifista, ma un Pacifex — colui che si propone di introdurre la scienza nella politica, riconosce la funzione unificatrice della scienza e durante la guerra invia dal suo cuore saluti malinconici alla Romània, senza rinnegare un naturale e robusto germanesimo — egli è probabilmente il mediatore più valente nel folle contrasto tra i popoli.[10]

Nessun accenno, dunque, alle loro incomprensioni, dovute ai cedimenti dell'anziano linguista al nazionalismo e al purismo più radicali. Non si può che condividere l'ammirazione di Gusmani (2003: 31) per "la generosità d'animo di Spitzer, la sua umanissima *pietas* nei confronti del maestro, di cui mette in risalto l'insegnamento perenne, stendendo un velo sulle sue debolezze".

È giusto che il nome di Schuchardt resti sempre associato agli aspetti più noti e rilevanti della sua dottrina e che sia ricordata la luce di speranza infusa dal suo "universalismo sereno" in chi, come Benvenuto Terracini, era sopravvissuto a un'altra guerra mondiale e a uno sterminio di proporzioni inaudite.[11]

---

10   Cito, con qualche modifica, la traduzione del brano fornita da Gusmani (2003: 31); l'originale in tedesco si legge a p. 7 sia nella prima sia nella seconda edizione del *Brevier* (Schuchardt 1922/1928).

11   Nel saggio dedicato al maestro di Graz, la cui prima stesura risale agli anni dell'esilio a Tucumán, Terracini scriveva: "Alla fine della prima guerra mondiale — cozzo di nazionalità e di nazionalismi — lo Spitzer e lo Steiner esaltarono lo spirito di tolleranza e di giustizia di cui è imbevuta la ideologia di Schuchardt [...]. Oggi usciti da un conflitto tanto più esasperato nel quale fu possibile che uomini calpestassero e negassero i più elementari valori della dignità umana, l'universalismo sereno di Schuchardt è tuttora ben vivo e ci esorta dall'alto a non disperare della nostra umanità" (1949: 231).

5. Conclusioni

Non occorre sottolineare quanto possa essere utile riflettere oggi su episodi del passato in cui i linguisti si sono mostrati tutt'altro che neutrali e assai permeabili a valori esterni al loro specifico orizzonte scientifico. Tale rischio, mai del tutto evitabile, è tornato a crescere negli ultimi decenni, per diversi motivi connessi alla manipolazione ideologica del binomio lingua-nazione su cui gli interessi politici hanno ripreso a fare leva, specie dopo la caduta dei regimi comunisti a Est e con il radicalizzarsi di istanze secessioniste anche a Ovest. Per non parlare dei flussi migratori e dei muri invalicabili la cui costruzione alle frontiere di alcuni Stati è divenuta, perfino in Europa, un'inquietante realtà. Certo, anche i linguisti contemporanei "ne sont pas dispensés de la citoyenneté, ni indemnes de la politique" (Sériot & Tabouret-Keller 2004: 3-4); tuttavia, l'auspicio resta che la linguistica contribuisca a reperire altre soluzioni alle crisi, non esaltando differenze e confini, bensì favorendo l'incontro, il dialogo e la pace tra i popoli.

Bibliografia

Barbusse, H., (1916), *Le feu (Journal d'une escouade)* (Paris : Flammarion).
Bréal, M., (1891), 'Le langage et les nationalités', *Revue des deux mondes*, 108, 615–639; rééd. in E. Renan, M. Bréal, A. Meillet, *Langue française et identité nationale*, 35–74 (Paris : Lambert Lucas, 2009).
Cattaruzza, M., M. Dogo, R. Pupo, a cura di, (2000), *Esodi. Trasferimenti forzati di popolazione nel Novecento europeo* (Napoli: Edizioni scientifiche italiane).
Carmichael, C., (2002), 'Language and Nationalism in the Balkans', in *Language and Nationalism in Europe*, ed. by S. Barbour, C. Carmichael (Oxford: Oxford University Press).
Chiss, J.-L., (2011), 'Les linguistes du XIXe siècle, l'« identité nationale » et la question de la langue', *Langages*, 182 (*Théories du langage et politiques des linguistes*), 41–53.
Covino, S., (2019), *Linguistica e nazionalismo tra le due guerre mondiali. Scienza e ideologia negli epigoni ascoliani* (Bologna: il Mulino).
——, (2020 [2021]), '«Non voglio mi creda un neogrammatico arrabbiato». Le leggi fonetiche nel carteggio D'Ovidio-Schuchardt (e in rapporto al pensiero ascoliano)', *Archivio Glottologico Italiano*, 105, 121–187.
——, (2021), 'Tra etimologia ed etnografia. Le ricerche di H. Schuchardt in

Italia meridionale e in Sicilia: testimonianze dal carteggio con F. D'Ovidio', *Bollettino Centro di studi filologici e linguistici siciliani*, 32, 147–163.

——, a cura di, (2022), 'Francesco D'Ovidio' [carteggio F. D'Ovidio – H. Schuchardt], in Hurch (2007-), https://gams.uni-graz.at/o:hsa.person.1353 [introduzione]; https://gams.uni-graz.at/context:hsa.letters.1353?locale=de [lettere].

——, (2023a), 'Francesco D'Ovidio tra Ascoli e Schuchardt: dalle reazioni etniche alla *Sprachmischung*', *Zeitschrift für romanische Philologie*, 139, 1–41.

——, (2023b), 'Il tradimento dei chierici e i costruttori di pace: Henri Barbusse', in *Parole di pace. Azioni, scritti e pensieri per un mondo nuovo*, a cura di F. Ghezzo, 120–128 (Perugia: Perugia Stranieri University Press); on line: parole-di-pace.pdf.

Desmet, P., P. Swiggers, (2000), 'Le problème des langues et des nationalités chez Michel Bréal : reflets épistolaires', in *Bréal et le sens de la Sémantique*, éd. par G. Bergounioux, 29–47 (Orléans: Presses Universitaires d'Orléans).

Formigari, L., (2011), '"Néo-humboldtisme" : histoire d'un métaterme', *Cahier de l'ILSL*, 29 (*Russie, linguistique et philosophique*), éd. par P. Sériot, 33–50 (Lausanne : Université de Lausanne).

Garde, P., (2019), 'Serbo-croate, serbe et/ou croate : petite histoire de cinquante-neuf noms de langue(s)', in *Le nom des langues en Europe centrale, orientale et balkanique*, sous la direction de P. Sériot, 209–238 (Limoges : Lambert-Lucas).

Goldstein, E., (2005), *Gli accordi di pace dopo la grande guerra. 1919-1925*, trad. it. di P. Capuzzo (Bologna: il Mulino).

Golob, A., (2019), 'Foreign Language Studies at the University of Graz (Austria-Hungary) during the First World War: a Micro-Historical Exploration of Cultural War Responses', in *War and the Humanities. The Cultural Impact of the First World War*, ed. by F. Jacob, J. M. Shaw, T. Demy, 53-83 (Paderborn: F. Schöningh).

Gusmani, R., (1991), 'Hugo Schuchardt e le vicende politiche della Mitteleuropa', in *Saggi di linguistica e di letteratura. In memoria di Paolo Zolli*, a cura di G. Borghello, M. Cortelazzo, G. Padoan, 209–215 (Padova: Antenore).

——, (2003), 'Hugo Schuchardt come '$\zeta\omega\iota o\nu\ \pi o\lambda\iota\tau\iota\kappa o\nu$'', in *Parallela 10. Sguardi reciproci. Vicende linguistiche e culturali dell'area italofona e germanofona*. Atti del decimo incontro italo-austriaco dei linguisti (Gorizia, 30–31 maggio – Udine, 1 giugno 2002), a cura di R. Bombi, F. Fusco, 27–31 (Udine: Forum).

Hausmann, F.-R., Hrsg., (2019), 'Michel Bréal' [lettere di M. Bréal a H.S.], in Hurch (2007-), https://gams.uni-graz.at/context:hsa.letters.1195?locale=de.

Hobsbawm, E. J., (1991), *Nazioni e nazionalismo dal 1780. Programma, mito, realtà*, trad. di P. Arlorio (Torino: Einaudi).

Hurch, B., Hrsg., (2007-), *Hugo Schuchardt Archiv* (Webedition: https://gams.uni-graz.at/context:hsa).

——, (2009a), 'Ein Netzwerk des Wissens: einige Voraussetzungen zur

Profilierung der Philologie', in *Das Potential europäische Philologien. Geschichte Leistung Funktion*, hrsg. von Ch. König, 292–308 (Göttingen: Wallstein).

——, (2009b), '"Bedauern Sie nicht auch, nicht an der Front zu sein?!", oder: Zwei Generationen und ein Krieg. Der Briefwechsel zwischen Hugo Schuchardt und Elise Richter', *Grazer Linguistische Studien*, 72, 135–197.

Judson, P. M., (2006), *Guardians of the Nation. Activists on the language frontiers of imperial Austria*, (Cambridge, M.: Harvard University Press).

Lucchini, G., (2008), 'Spitzer e Schuchardt: un dittico incompleto' [rec. di *Leo Spitzers Briefe an Hugo Schuchardt*, hrsg. von B. Hurch (Berlin-New York: de Gruyter, 2006)], *Strumenti critici*, 23, 199–232.

Macartney, C. A., (1981), *L'impero degli Asburgo. 1790-1918* (Milano: Garzanti).

Melchior, L., V. Schwägerl-Melchior, (2017), '«Networks» come categoria descrittiva nella storia della disciplina: esempi e prospettive', in *Net(work)s. Entre structure et métaphore / Tra struttura e metafora / Entre estructura y metáfora*, a cura di C. de Benito Moreno *et al.*, 5–22 (Berlin: Freie Universität Berlin).

Moret, S., (2011), 'Antoine Meillet et le futur des empires après la Première guerre mondiale', *Langages*, 182 (*Théories du langage et politiques des linguistes*), 11–24.

Prochasson, Ch., (2008), 'Le troisième front. Savants et écrivains européens en guerre', in Id., *14-18. Retours d'expériences*, 279–304 (Paris : Taillander).

Schuchardt, H., (1866-1868), *Der Vokalismus des Vulgärlateins*, 3 Bde. (Leipzig: Teubner).

——, (1884), *Dem Herrn Franz von Miklosich zum 20. November 1883. Slawo-Deutsches und Slawo-Italienisches* (Graz: Leuschner & Lubensky).

——, (1886), 'Zu meiner Schrift "Slawo-deutsches und Slawo-italienisches"', *Zeitschrift für die österreichischen Gymnasien*, 37, 321–352.

——, (1898), *Tchèques et Allemands. Lettre à M.**** (Paris : H. Welter).

——, (1900), *Über die Klassifikation der romanischen Mundarten: Probe-Vorlesung / gehalten zu Leipzig am 30. April 1870* (Graz: Styria).

——, (1913), *Deutsche Schmerzen. An Theodor Gartner zum 70. Geburtstag (4 November 1913)* (Graz: Styria).

——, (1914), *Deutsch gegen Französisch und English* (Graz: Leuschner & Lubensky).

——, (1915a), *Aus dem Herzen eines Romanisten* (Graz: Leuschner & Lubensky); trad. it. in S. Rapisarda, '«Italien ist vor uns versunken», Hugo Schuchardt, luglio 1915', *Quaderni di filologia romanza*, 26-27 (2018-2019), 155-176.

——, (1915b), 'Französisch Kriegsliteratur', *Tagespost Graz*, 28 Februar.

——, (1915c), *Die Schmähschrift der Akademie der Wissenschaft von Portugal gegen die deutschen Gelehrten und Künstler. Eingeleitet, abgedrückt und übersetzt* (Graz: Leuschner & Lubensky).

——, (1915d), 'Ein wenig Philologie', *Wissen und Leben* 9(4), 153–164.

——, (1916), 'Nochmals der Fall Bédier', *Neuphilologische Blätter. Zeitschrift des Weimarer Cartellverbandes philologischer Verbindungen an deutschen Hochschulen*, 23(5), 158–161.

——, (1917), 'Sprachverwandtschaft', *Sitzungsberichte der königlich preussischen Akademie der Wissenschaften. Sitzung der philosophischen Klasse*, 37, 518–529.

——, (1918), rec. di Spitzer (1918), *Literaturblatt für germanische und romanische Philologie*, 39, 281–287.

——, (1919), rec. di Spitzer (1919), *Literaturblatt für germanische und romanische Philologie*, 40, 5–20.

——, (1922/1928), *Hugo Schuchardt-Brevier. Ein Vademecum der allgemeinen Sprachwissenschaft*, zusammengestellt und eingeleitet von L. Spitzer (Halle: Niemeyer); zweite erweiterte Auflage, 1928.

——, (1925), 'Das Baskische und die Sprachwissenschaft', *Sitzungsberichte der Akademie der Wissenschaften in Wien. Philosophisch-historische Klasse*, 202(4), 1–34.

Segre, C., (1989), 'Fra internazionalismo e nazionalismo: Schuchardt nella prima guerra mondiale', in *Tradizione traduzione società. Saggi per Franco Fortini*, a cura di R. Luperini, 299–310 (Roma: Editori Riuniti).

Sériot, P., (1996), 'La linguistique spontanée des traceurs de frontières', *Cahiers de l'ILSL*, 8 (*Langue et nation en Europe centrale et orientale du XVIIIème siècle à nos jours*), éd. par P. Sériot, 277–304 (Lausanne : Université de Lausanne).

Sériot, P., A. Tabouret-Keller, (2004), 'Présentation', *Cahier de l'ILSLi*, 17 (*Le discours sur la langue sous les pouvoirs autoritaires*), 1–4 (Lausanne : Université de Lausanne).

Spitzer, L., (1918), *Anti-Chamberlain. Betrachtungen eines Linguisten über Houston Stewart Chamberlains „Kriegsaufsätze" und die Sprachbewertung im allgemein* (Leipzig: Reisland).

——, (1919), *Fremdwörterhatz und Fremdvölkerhaß. Eine Streitschrift gegen die Sprachreinigung* (Wien: Manzsche).

——, (1920), *Studien zu Henri Barbusse* (Bonn: Cohen).

Tani, I., (2013), 'Confini e mescolanze delle lingue. Schuchardt e il problema della classificazione in linguistica', *Blityri. Studi di storia delle idee sui segni e le lingue*, 2(2), 95–113.

Terracini, B., (1949), 'La critica del metodo comparativo: Schuchardt', in Id., *Guida allo studio della linguistica storica. I. Profilo storico-critico*, 205–233 (Roma: Edizioni dell'Ateneo).

Wackernagel, J., (1904), 'Sprachtausch und Sprachmischung', *Nachrichten von der Königlichen Gesellschaft der Wissenschaften zu Göttingen. Geschäftliche Mitteilungen*, 2, 90–113.

Zantedeschi, F., (2010), 'Lingua e nazione in Europa', *Passato e presente*, 28(79), 155–167.

——, (2021), 'Scholars and the reframing of Europe: the complex relationship between language, race and nation during the Great War', *Studies on National Movements*, 8, 1–32 (on line: https://openjournals.ugent.be/snm/article/id/85274/).

CHANGLIANG QU
HU YILU'S RE-PRESENTATION OF HISTORICAL-COMPARATIVE LINGUISTICS IN EARLY NATIONALIST CHINA

Abstract: Western-styled general linguistics was first systematically introduced to China by Hu Yilu (1888–1917) in his short book entitled *Rudiments of the Chinese Spoken Language*. Due to the publishing conventions in its days, the cited sources were not always cleared presented. Based on the textual evidences, this paper compares and contrasts Hu Yilu's views with the cited Europeans works, and explores how these works were re-presented at the crossroads of linguistic studies in early 20th century China.

Key Words: Hu Yilu, Historical-Comparative Linguistics, Chinese Linguistics

1. *Introduction*

The first quarter of the 20th century witnessed Chinese people's unrelenting efforts to break away from the legacy of an ailing empire that had declined and suffered during the previous century. Both thinkers and practitioners kept searching in the more advanced parts of the world for the possible paths for the nation's future. As the Revolution of 1911 terminated the Manchu-led Qing Dynasty and declared the founding of the Republic of China, these innovations and experiments accelerated in all aspects of intellectual life, bringing forth the New Culture Movement that opened in the mid-1910s and remained highly influential for over a decade. While China has a long and continuous philological tradition of its own, it was in this atmosphere of an early nationalist republic that the Western-styled general linguistics was introduced into China, inaugurated with a short book entitled *Guóyǔxué Cǎochuàng* (国语学草创, *Rudiments of the Chinese Spoken Language*)[1], written by Hu Yilu (1888–1917), a young scholar who had completed his degrees in Japan and taught linguistics at Peking University.

The conventions of the publication in China in the early 20th century make it difficult for readers today to be sure of which specific Western linguistic works Hu Yilu was citing from. In *Rudiments*, while the surnames of the cited Western linguists appear in both Chinese characters and the original Latin letters, other information about them (their first names, years of birth and death, etc.) was never provided. To make things worse, the standard 1923 version of *Rudiments*, like the majority of the books published at its time in China, contains neither footnotes and endnotes, nor bibliography. The size of the book also made it nearly impossible to contain any direct quotations. In addition, the fact that few if not none of the important linguistic works had been translated into Chinese at that time may have frustrated the intention to directly quote anything long and detailed.

Therefore, to know exactly how ideas from the 19th century historical-comparative linguistics were employed in Hu Yilu's milestone book, it is not adequate to stop at who and what was cited there. Instead it is always necessary to explore whether there were any alternations or even distortions as compared to the original works, to what degree they were changed, and why such changes occurred. Briefly, it is necessary to know how he re-presented these works to the younger generation who were interested in language at this crossroad for language studies in China.

---

1 A more literal English translation for the title of this book is "A Draft of the Study on the National Language", or "A Draft of the Study on the Chinese Language". The Chinese word *guóyǔxué* (literal meaning: national language study) is a calque from Japanese *kokugogaku*, which refers to the Western-styled linguistic study on the standard national language, therefore Standard Chinese for China, and Standard Japanese for Japan. Wang Jichao (2021: 90) reproduced a picture of the copyright page of the 1923 edition of Hu Yilu's book, where there is the "official" English name of the book: *Rudiments of the Chinese Spoken Language*.

2. Hu Yilu, his Rudiments *and the recent research*

2.1 *Hu Yilu's position in the history of Chinese linguistics*

Hu Yilu's name is admittedly less known, home or abroad, compared with the path-finding compilers of the Western-styled Chinese grammar, especially Ma Jianzhong (1845–1900) who wrote the first one for Classical Chinese, and Li Jinxi (1890–1978) who wrote the first one for Modern Standard Chinese. But even so, Hu Yilu was seldom absent in the high-quality monographs on the history of Chinese linguistics published during the last two decades of the 20th century: Wang Li (1900–1986) highlighted the knowledge on general linguistics presented in *Rudiments of the Chinese Spoken Language*, as well as this book's distinction from the later field works and language descriptions that flourished in China from the late 1920s to the 1940s (Wang Li 1981: 206); Pu Zhizhen (1922–2023) designated this book as the first theoretical treatise on linguistics that ever existed in China (Pu 1987: 477); He Jiuying (b. 1932) regarded it as the first modern linguistic outline of the Chinese language and especially emphasized that it contains "much knowledge on theoretical linguistics"[2] (He 2008[1995]: 73); Zhao Zhenduo (b. 1928) more specifically regarded Hu Yilu as the one who "systematically presented theories of general linguistics and successfully employed them to set up a framework for the study of the Chinese language" (Zhao 2000: 469). As Dong Kun (b. 1946) commented in his book review of He (1995), Hu Yilu was among those who "did not specialize in grammar but had keen insights to it." (Dong 1996: 307) All these remarks lead to the same fact that Hu Yilu's historical importance rests on his introduction of a decisively different type of linguistics to a country that had a long, rich and strong philological tradition of its own.

Rudiments had not been widely available until its "standard edition" was published in 1923 by The Commercial Press, the active

---

2   All the quotations from the non-English sources, including the long Chinese quotations from Hu Yilu's *Rudiments*, are my own translations.

disseminator of humanities and social sciences that was founded in 1897 as the first modern publishing house in China and remains the leading academic publisher today. However, mainstream Chinese linguistic historians broadly believe that there must have existed a much earlier version, basing on the fact that the 1923 edition opens with a preface which highly evaluates this book, written in January 1913 by Zhang Binglin (a.k.a. Zhang Taiyan, 1869–1936), the author's mentor and one of the most eminent traditional philologists of his era.

The earlier version, presumably the course book in Hu Yilu's linguistics classroom at Peking University, has remained a myth until recent discoveries proved its existence. Shen Guowei discovered two anonymous book reviews of *Rudiments*, one of which was published in *La Jeunesse* (新青年) in May 1917, and the other in *L'Impartial* (大公报) in December 1918 (Shen 2019: 4–7), both earlier than the release of the standard edition. Li Wuwei and Li Xun showed a picture of an undated edition of *Rudiments* and verified its publishing year as 1912 (Li & Li 2021: 3). Li and Li also confirmed (ibid. 18) that there was no substantial difference between the two editions, except that the introductory chapter of the original edition was replaced by Zhang Binglin's preface in the 1923 edition. Therefore, they continued to use the 1923 edition, a 147-page treatise printed in the traditional large fonts and vertical typesetting, as was the most common way at its time in the publishing industry of China and Japan. This edition is also the version that the present thesis will focus on.

2.2 *Recent research literature on Hu Yilu and* Rudiments

Partly because of his premature death at the age of 29, the biographical background of Hu Yilu used to be hardly available, except for the limited information provided in Zhang Binglin's preface to his book, in which he was described as the promising youth who had studied in Japan and received two degrees there, first a Bachelor of Law from Nihon University and then a Bachelor of Art in linguistics (*hakugengaku*, as was most commonly called in Meiji Japan³) from Imperial University. Breakthrough has been made by Hai Xiaofang who investigated the archives of the Imperial University Tokyo and located the exact years of Hu Yilu's study there as 1909 to 1912 (Hai 2014: 301). She also pointed out the influence from Ueda Kazutoshi (1867–1937), the Germany-educated historical linguist who had dedicated himself to introducing the Western way of linguistic analysis to the study of Japanese language; during Hu Yilu's stay, it was the Ueda Kazutoshi and his disciple Fujioka Katsuji (1872–1935) who taught respectively Japanese linguistics and general linguistics at the Imperial University. (ibid. 304)

Hai Xiaofang's *Chinese Scholars' Studies on the Chinese Language during the First Stage of Grammar Compiling* (2014), which devotes nearly one fourth of its pages to the topic of Hu Yilu and his *Rudiments*, successfully aroused wider interest in this pathfinder of general linguistics in China. Among the works that followed her steps, the most valuable are Li Wuwei (2019) that reflected on Hu Yilu's classification of the Chinese dialects, and Wang Jichao (2021) that compared the various versions of *Rudiments* and clarifies some long-held confusions and misunderstandings on the book's publishing history. These efforts culminated with the publication of Li Wuwei and Li Xun's 13-chapter *East or West: The Principles of "Rudiments of the Chinese Spoken Language"* (2021). This impressive 470-page monograph is obviously the most detailed analysis and critique ever published on this topic.

3. Tracing Hu Yilu's citations and intentions

3.1 *Historical linguists cited in* Rudiments

While Hu Yilu oriented towards a general linguistic interpretation of the Chinese linguistic phenomena, his untimely death in 1917 sadly prevented him from sensing the budding structuralist

---

3   Hai Xiaofang's investigation (Hai 2014: 301-302) also suggests that *hakugengaku* in Zhang Binlin's preface was not accurate enough, because in 1900 the specialty *hakugengaku* at the Imperial University was renamed *gengogaku*, the Japanese term for "linguistics" that has been used ever since.

redirection of the Western linguistics. Therefore the "general linguistic" perspective in his book had to rely on the typical 19th century historical principles. The Western linguists whom he cited range from the most established Franz Bopp (1791–1867) and August Schleicher (1821–1868) to some less or even rarely known ones (For example, the myth of the accurate identity of the Conradi he mentioned remains unsolved). The Leipzig Neogrammarians, as the more recent historical linguists for him, were surprisingly unmentioned in his *Rudiments*, except for Eduard Sievers (1850–1932), who yet showed up as a phonetician instead of a historical linguist. On the contrary, Georg von der Gabelentz (1840–1893) was cited in the *Rudiments* as a historical linguist, though he was perhaps more closely related to the orientalists than the typical historical-comparative circles. The rationale behind such a selection needs to be uncovered.

3.2 *Typological position of Chinese: "Primitive" or "advanced"?*

The main purpose of *Rudiments* was to show the importance of the Western linguistic theories, as well as to contemplate and reveal how these theories could be applied to the analysis of Chinese. Nevertheless, a more urgent goal in Hu Yilu's mind, as seen in his occasionally strong dictions, was to disperse the fallacy of the "primitiveness" of the Chinese language, which could be frequently encountered in the early and mid-19th century linguistic texts. This goal appears especially manifest in the sixth chapter of *Rudiments* entitled "The Position of the Chinese Language in Linguistics". He therefore found it indispensable to exhibit the historical linguists' bias against Chinese language, to make his own judgments, and if possible, to search for the more plausible theories.

Indeed, the observation on language diversity led in the 19th century not only to a mere classification of the languages, but frequently enough to a hierarchical framework in which Chinese was placed at the very bottom of it due to the lack of morphological means. This hierarchical framework was exactly the starting point to which Hu Yilu showed his strong disagreements:

> Schleicher's school of advocators of formal classification often depreciate Chinese as rudimentary due to its scarcity of forms. [...] When flexional forms are considered as the very best, synthetical languages must be regarded as superior. However, how should they explain the fact that Indo-Germanic languages themselves have the degenerating tendency towards being analytical? Based on what they have asserted, we may redirect, and we have to say that a pure analytical language with no flexional forms, like Chinese, is not only superior but also more developed.
>
> (Hu 1923: 72)

The message conveyed in this comment is straightforward, and it sounded encouraging for those who had felt frustrated, if not offended, by the Euro-centered typological hierarchy of languages. Hu Yilu's statement put forward the possibility of setting the hierarchy upside down, which depends on what perspective one may take to define the "growing" or "developing" of languages. If Chinese could be regarded as a most "developed" language, it is precisely because of the lack of morphological devices.

Due to the above mentioned publishing conventions in early 20th century China, it is difficult to know exactly what specific work of Schleicher's school Hu Yilu was referring to. Evidently, Schleicher did not avoid reflecting on the "deterioration" inside the Indo-European languages. To understand the contrast between the highly inflected Old Germanic languages and the moderately inflected Modern Germanic languages, one feels difficult to forget Schleicher's (1860) vivid analogy of the statue that has been rolling in the riverbed, lost its limbs and turned into a polished stone cylinder.[4] His example of the contrast between Gothic *habaidêdeima* and Modern German *hätten* (and the even more radical English *had*) looks highly impressive and persuasive.

However, Hu Yilu's remarks were much more than nationalist laments. With keen insights, he rationally noted the distinction between morphological form and syntactic function, and he

---

4 "...unsere Worte nehmen sich gotischen gegenüber aus, wie etwa eine Statue, die durch langes Rollen in einem Flußbette um ihre Glieder gekommen und von der nicht viel mehr als eine abgeschliffene Steinwalze mit schwachen Andeutungen des einst vorhandenen geblieben ist". (Schleicher 1860: 34)

declared that formal scarcity does not necessarily imply functional primitiveness:

> Words exist in sentences. Only in sentences do they form organic relations, and then they have to be organic. All languages have certain mechanisms to express thoughts with sentences. Words to sentences is what elemental molecules to organic chemical compounds. None of these things should be called isolated. [...] Words in Chinese do remain independent when standing alone, but they also play their roles when participating in the chemical compound unions of sentences. If the analogies of family organization or state organization etc. are appropriate, we would rather say that Chinese language has the organizational devices of a federate.
> (Hu 1923: 76)

These remarks were responding to the typological tripartition of world languages generally accepted among the early and mid-19th century historical linguists, as had evolved from Friedrich von Schlegel's (1772–1829) bipartition of languages: those in which "the additional determinations [*die Nebenbestimmungen*] of the meaning are indicated by an inner change of the root sound" (i.e. by inflection) vs. those in which the same is done "by a specifically added word each time" (F. Schlegel 1808: 45). This vague bipartition was streamlined by August von Schlegel (1767–1845) as "languages with no grammatical structure, languages that employ affixes, and languages of inflections" (A. Schlegel 1818: 14), anticipating Wilhelm von Humboldt's (1767–1835) more laconic technical terms of isolated, agglutinative and inflectional languages (cf. Humboldt 1836). The tripartition became popular in the English-speaking world through the lectures of Max Müller (1823–1900), in which the three typological categories also stood for the "three stages in the gradual formation of speech" (Müller 1861: 273). This system was later summarized by Otto Jespersen (1860–1943) as Max Müller's formulae of the correspondence between the progressing social organizational forms and the equally progressing linguistic categories: "family languages (juxtaposition); – nomad languages (agglutination); – state languages (amalgamation)" (Jespersen 1894: 6n), the formulae that Jespersen himself did not believe in (cf. Jespersen 1920).

While Chinese stood at the opposite side to the richly inflected Sanskrit, Hu Yilu properly disclosed the fact that the formal scarcity of Chinese is only a feature of its morphological level. On the syntactic level, in contrast, the juxtaposition of words does not indicate a primitive organizational way lower than the agglutinate devices of the "nomadic tribes". On the contrary, the way of juxtaposition may well be alluded to a union composed of separate "states", hence a "federate" that links them organically. Furthermore, Hu Yilu realized that in an analytical language there actually exist a whole spectrum of morphological means and each of these means has its distinct syntactic role. Basing on Max Müller's political analogy of "family – nomad – state", he unfolded a more comprehensive picture:

> Being purely analytical leads to the consequences that each word has its meaning, and the relations of words do not depend on formal addition or deletion, therefore seldom affect the independence of words through disjointing or assembling. [...] If we make analogies, then content words are independent states; compound words, real unions; formal compounds are those with client states; prepositions are free cities; grammatical particles, vassal states. All except for vassal states have the essence of independent wills. With these independent wills, they combine into sentences, which resemble great federates. [...] These analogies are only to illustrate the syntactic relations of Chinese; they are not to resemble Max Müller's organizations in the sense of advancement. Languages of all nations have their own mechanisms and spirits.
(Hu 1923: 81 – 82)

This series of analogies centering on the syntactic complexity turned out to be more effective than Max Müller's oversimplified three-grade scale. Hu Yilu correctly brought to light the disparity between the morphological poverty and the syntactic prosperity. It successfully proved that the primitive impression of Chinese grammar is simplistic and superficial.

Seen from the extra-linguistic perspective, which is not less important in this case, the significance of a much more rational view on Chinese grammar should not be underestimated for this newly founded nationalist republic that was trying its best to distance from the dark shadow of an ailing former empire which had been defeated in almost every clash in the previous century with the industrialized Europe.

3.3 *The necessity of Chinese participation in the broader linguistic world*

Then why the grammatical system together with the typological position of Chinese had been misunderstood by those European historical linguists? Hu Yilu believed that errors arise because "it is Indo-Germanic peoples' preconceived prejudice to regard forms as the only way to express delicate, civilized thoughts; therefore they have to depreciate formlessness as inferior." (Hu 1923: 79) His dictions sometimes turned even stronger: "Those who depreciate Chinese as primitive or blame it as never advanced, are those who know nothing about the history of the Chinese language and despise the Chinese history of civilization." (ibid. 78) However, were these historical linguists really ignorant of them?

Ever since the beginning of the historical-comparative approach, the miscalculation about Chinese grammatical system was more of perplexity than ignorance. Friedrich von Schlegel clarified that due to the richness and complexity of the world of languages, he had no intention to elevate any one type of languages and belittle the other.[5] While he placed Chinese at the lowest level of the grammatical complexity, he did not deny that China is an "otherwise so refined nation". He tried (without proof unfortunately) to ascribe this disparity to the Chinese writing system that may have hindered the later grammatical development[6], whereas his brother assumed on the contrary that Chinese characters may have helped compensate the disadvantage of the grammatical poverty, so that the primitive

---

5 „Man wurde mich indessen ganz mißverstehen, wenn man glaubte, ich wolle die eine Hauptgattung der Sprache ausschließend erheben, die andre unbedingt herabsetzen. Die Welt der Sprache ist zu umfassend reich und groß und bei höherer Ausbildung zu verwickelt, als daß sich die Sache so einfach durch einen schneidenden Richterspruch ausmachen ließe." (F. Schlegel 1808: 55)

6 „Die Sprache dieser sonst so verfeinerten Nation stünde also grade auf der untersten Stufe; vielleicht, weil eben durch das so äußerst künstliche Schriftsystem die Kindheit derselben zu frühe fixirt worden." (F. Schlegel 1808: 49)

Chinese grammar stands as an exceptional wonder in which obstacles to the development of intellectual faculties have been conquered and literary as well as scientific cultures have been achieved.[7] Briefly, neither of them ever "despised the Chinese history of civilization".

Besides Schlegel[8], Schleicher and Max Müller, Hu Yilu was also dissatisfied with Franz Bopp (1791–1867) who categorized Chinese as an "inorganic" language ("*ohne Organismus, ohne Grammatik*", as in Bopp [1833: 112]). He alleged that these linguists' "sentimental blindness arose probably because they had never dispassionately examined the Chinese language". (Hu 1923: 76) Thus he held positive opinion on Otto Jespersen, whom he regarded as "the only exception" among the more or less Euro-centered linguists, because Jespersen (1894) defined the evolutionary process from synthetic to analytic as "progress" instead of deterioration. "What he defines as 'development' is not based on the details of forms, but on the meaning created between them". (Hu 1923: 81) This conviction in *Rudiments* subsequently helped the writers of the descriptive Chinese grammars embrace Jespersen's theory of the three grammatical ranks in the 1930s and the 1940s. (cf. Qu 2020: 147–148)

Even though Jespersen's view sounded fair and rational, Hu Yilu reminded his readers that "if someone only assigns a[n appropriate] position for the Chinese language and does not proceed to do research on the language itself, we cannot say he knows adequately about this language" (Hu 1923: 81).

---

7   "Les langues de la première classe n'ont qu'une seule espèce de mots, incapables de recevoir aucun développement ni aucune modification. On pourroit dire que tous les mots y sont des racines, mais des raciness stériles qui ne produisent ni plantes ni arbres. Il n'y a dans ces langues ni déclinaisons, ni conjugaisons, ni mots dérivés, ni mots composés autrement que par simple juxtaposition, et toute la syntaxe consiste à placer les élémens inflexibles du langage les uns à côté des autres. De telles langues doivent présenter de grands obstacles au développement des facultés intellectuelles; leur donner une culture littéraire ou scientifique quelconque, semble être un tour de force; et si la langue chinoise présente ce phénomène, peut-être n'a-t-il pu être réalisé qu'à l'aide d'une écriture syllabique très artificiellement compliquée, et qui supplée en quelque façon à la pauvreté primitive du langage." (A. Schlegel 1818: 14)

8   The majority of the cited European linguists, as mentioned, were referred to in *Rudiments* only with their surnames. Therefore we don't know whether Hu Yilu had realized there were two Schlegels rather than one.

Apparently, Jespersen was not a Sinologist who actually knew the Chinese language. Then what implication could be obtained from Gabelentz, who not only knew Chinese but was one of the best Orientalists of his days? While Hu Yilu focused on Gabelentz's "Spirallauf der Sprachgeschichte", he seemed to have somewhat misplaced its key point. Gabelentz identified the tendencies toward convenience (*Bequemlichkeitstrieb*) and clarity (*Deutlichkeitstrieb*) as the two opposite forces that have been interacting to each other and maintaining a subtle dynamic balance all through the history of language. Whereas the tendency toward convenience wears out an independent word, and downgrades it to, in a synthetic way, an affix or even a zero form the opposite tendency toward clarity may introduce new elements analytically to take its place. Therefore Gabelentz emphasized that the evolutional line curves back toward the side of the isolation, not in the old path, but in an approximately parallel one, and that is why he alluded this process to a spiral.[9] Following this principle, he concluded that Chinese, which has been an isolating language for four thousand years, only has "traces of an older agglutinative, perhaps inflectional state". (Gabelentz 1891: 252) Unfortunately, Hu Yilu only showed strong disagreement to an assumption that Chinese grammar had oscillated between isolating and non-isolating for several times: "As far as we see, Chinese only has the side of simplification; no complication has been observed." (Hu 1923: 71)

Hu Yilu's reviews of the European historical linguists suggested that none of them had been fully capable of dealing with the peculiarities of Chinese in spite of their sturdy interest in it. This situation naturally led to a rally call to the younger generation of language researchers in China to do serious research on their native language, keep up with the paces of the outside world, and participate in the future discussions:

---

9 [D]ie Entwicklungslinie krümmt sich zurück nach der Seite der Isolation, nicht in die alte Bahn, sondern in eine annähernd parallele. Darum vergleiche ich sie der Spirale. (Gabelentz 1891: 250)

> Without the truth about Chinese, language classification is almost hopeless. Solving this problem is the responsibility of Chinese people. This task should not be left to the others. Since the routes of development were different, the way to study them naturally needs to be distinctive. It is necessary to learn theories from the other nations for reference; yet one should avoid treating these theories as unimpeachable laws.
> (Hu 1923: 80)

Obviously, this task could only be fulfilled when language analysis in the early nationalist republic finished its re-orientation towards the Western-styled linguistic perspective and methodology that were utterly different from the deep-rooted traditional Chinese philology

In this rally call, he also warned Chinese linguists not to follow the old-fashioned Latin-based grammar studies, though it was also an import from Europe. The ideal linguistic studies on Chinese, as he portrayed (Hu 1923: 100–101), should include both the theoretical and the practical aspects; the purely theoretical aspects can then be divided into descriptive and explanatory studies; the explanatory studies must consist of historical and comparative explanations as well as an explanation of their principles. And above all, linguists are expected to focus on the facts of speech sounds, word categories and sentence structure so as to explain the language as it is. Hu Yilu believed that if the former generation represented by Ma Jianzhong failed because they were forcing the Chinese linguistic facts into the Latin grammatical categories, then for the new general linguists in China, there should be similarly no reasons "to let Indo-Germanic grammar hover overhead and force our own language to follow it." (ibid.) This panoramic route map was modern enough for linguists who were exploring a new path at the beginning of the nationalist republic.

However, this route map was probably much too avant-garde for the philological conservatives. Li Wuwei & Li Xun (2021: 14-15) mentioned the doubts and clashes Hu Yilu encountered with the philological faculty where he was teaching and hinted that these unpleasant experience partly resulted in the deterioration of his health.

4. Conclusion

In the unique atmosphere of an early nationalist republic, Hu Yilu succeeded in letting language researchers in China notice the existence of a more general linguistic approach that resembles neither the local philosophical traditions nor the already-imported (but outdated) Latin-based European traditions. As the classic works of this general linguistic approach sometimes presented negative comments on the Chinese language, he successfully clarified the misconceptions to prevent aversions among the Chinese. He also did excellent job to show the necessity of Chinese linguists' participation in the world academic dialogues. An open-minded China adept at learning from the outside world looked much more promising than the tottering, vulnerable empire that had kept refusing innovation.

Unfortunately, the approach he advocated was not really new in his era. When the next generation of Chinese linguists returned from the United States with American Descriptivism, his ideas became sidelined because of the loss of interest in historical-comparativism, the end of the German dominance in the linguistic world, his reliance on the Japanese intermediary, and most obviously, his old-fashioned writing style (in Classical rather than Modern Chinese) as well as his distinct system of terminology that the new generations were no longer familiar with.

However, he was not forgotten either, which was proved by the frequent mentioning of him in the monographs on the history of Chinese linguistics since the end of the 20th century, though he was not usually discussed in detail there. In 2014, encouragingly enough, a facsimile of the 1923 edition of *Rudiments* was republished in Taiyuan as a volume in the series "Lost Academic Works of the Modern Masters", a project sponsored by National Publication Foundation of China. As this reprint surely makes the pathfinder's ideas more available, it is relieving to see that a new round of deepened research on him has already been in progress at the centennial of the publication of the standard version of *Rudiments*.

Acknowledgement:

Part of the research project is sponsored by the Educational Department of Liaoning Province (LJKMR20221546).

References

Bopp, F., (1833), *Vergleichende grammatik des sanskrit, zend, armenischen, griechischen, lateinischen, litauischen, altslavischen, gothischen und deutschen* (Berlin: Königlichen Akademie der Wissenschaften).

Dong, Kun, (1996), 'Review of *A History of Modern Chinese Linguistics* (I)' (《中国现代语言学史》读后[一]), *Studies of the Chinese Language*, 253, 306–310.

Gabelentz, G. von der, (1891), *Die Sprachwissenschaft: Ihre Aufgaben, Methoden und bisherigen Ergebnisse* (Lepzig: T.O. Weigel Nachfolger).

Hai, Xiaofang, (2014), *Chinese Scholars' Studies on the Chinese Language during the First Stage of Grammar Compiling* (文法草创期中国人的汉语研究) (Beijing: The Commercial Press).

He, Jiuying, (2008[1995]), *A History of Modern Chinese Linguistics* (中国现代语言学史) (Guangzhou: Guangdong Education Press).

Hu, Yilu, (1923), *Rudiments of the Chinese Spoken Language* (国语学草创) (Shanghai: The Commercial Press).

Humboldt, W. von, (1836), *Über die Kawi-Sprache auf der Insel Java* (Berlin: Königlichen Akademie der Wissenschaften).

Jespersen, O., (1894), *Progress in Language: With Special Reference to English* (London: Swan Sonnenschein & Co.).

——, (1920), 'The Classification of Language', *Scientia* 28, 109–120.

Li, Wuwei, (2019), 'Theory and "Prototypes" of Chinese Dialects Regions in Hu Yilu's *Rudiments of the Chinese Spoken Language*' (胡以鲁《国语学草创》汉语方言分区理论及"原型"), *Linguistic Research* 151, 8–16.

Li, Wuwei, Li Xun, (2021), *East or West: The Principles of "Rudiments of the Chinese Spoken Language"* (任尔西东:《国语学草创》原理) (Xiamen: Xiamen University Press).

Müller, M., (1861), *Lectures on the Science of Language* (London: Longman, Green, Longman, and Roberts).

Pu, Zhizhen, (1987), *A History of Chinese Linguistics* (中国语言学史) (Shanghai: Shanghai Classics Publishing House).

Qu, Changliang, (2020), 'Introducing and Translating Otto Jespersen in China in the Past 100 years: Embracing, Shunning, Forgetting and Reviving', in *History of Linguistics 2017: Proceedings of the Fourteenth International Conference on the History of the Language Sciences (ICHoLS XIV), Paris, 28 August – 1 September*, ed. by Émilie Aussant and Jean-Michel Fortis, 143-155 (Amsterdam/Philadelphia: John Benjamins).

Schlegel, A. von, (1818), *Observations sur la langue et la littérature provençales* (Paris: La Libraire Grecque-Latine-Allemande).

Schlegel, F. von, (1808), *Über die Sprache und Weisheit der Indier* (Heidelberg: Mohr und Zimmer).

Schleicher, A., (1850), *Die Sprachen Europas in systematischer Uebersicht* (Bonn: H.B. König).

——, (1860), *Die deutsche Sprache* (Stuttgart: J. G. Cotta'scher).

Shen, Guowei, (2019), *A Study on the Two-Character Words in Modern Chinese: Language Contact and the Modern Evolution of Chinese* (汉语近代二字词研究——语言接触与汉语的近代演化) (Shanghai: East China Normal University Press).

Wang, Jichao, (2021), 'Review of the Version Information of Hu Yilu's *Guoyuxue Caochuang* in Multiple Ways' (重审胡以鲁《国语学草创》版本信息), *Journal of Ningbo University (Liberal Arts Edition)*, 34, 88–93.

Wang, Li, (1981), *A History of Chinese Linguistics* (中国语言学史) (Taiyuan: Shanxi People's Press).

Zhao, Zhenduo, (2000), *A History of Chinese Linguistics* (中国语言学史) (Shijiazhuang: Hebei Education Press).

VIGGO BANK JENSEN

ELI FISCHER-JØRGENSEN (1911-2010) & NOAM CHOMSKY (B. 1928) IN THE MID-1950S
A Mediated Connection

Abstract: Eli Fischer-Jørgensen, a Danish general linguist, phonologist and phonetician, corresponded with Roman Jakobson for over 30 years. As she prepared her contribution for a volume in honour of Jakobson (1956), she corresponded with one of the editors, Morris Halle who, at that time, collaborated with both Jakobson and Noam Chomsky. In my paper, I demonstrate how this brief correspondence reveals that parts of Fischer-Jørgensen's contribution can be interpreted as a commentary on an early Chomsky text from 1955, of which she had knowledge only through Halle's remarks. The mediated discussion revolves around the challenges that may arise when one attempts to exclude semantics from phonological analysis (Chomsky), or one adheres to the relevance of semantics in the analysis (Fischer-Jørgensen). Additionally, I elucidate how the correspondence serves as documentation that certain central ideas presented in the initial prominent paper on generative phonology (Chomsky, Halle and Lukoff 1956) were anticipated by the Danish linguist at a conference in 1948. Her ideas, however, were not published in 1956, since the conference papers only appeared in 1960.

Keywords: Chomsky, Fischer-Jørgensen, commutation test, free variation, generative phonology

1. Introduction: Fischer-Jørgensen's contact with three linguists at MIT in the 1950s

In a plenary session report presented at the 8th International Congress of Phonetic Sciences in 1975, Danish general linguist and phonetician Eli Fischer-Jørgensen (1975b) drew a parallel between the widespread adoption of generative phonology and the era of the Neo-grammarians. Since the end of the 1930s, Fischer-Jørgensen played a crucial role as interpreter, historian and active participant in discussions surrounding phonetics and phonology. In her significant work, *Trends in Phonological Theory* (Fischer-Jørgensen 1975a), she allotted over 100 pages to generative phonology. However, up until that point, Chomsky's name appeared rather infrequently in her published works.

Fischer-Jørgensen has frequently been associated with Hjelmslev's glossematics theory, which she interpreted adeptly, though without fully adhering to it. Indeed, as early as the 1930s, she found herself more aligned with the Prague School and especially to the ideas of Roman Jakobson (1896-1982). In 1952, she spent six months in the US, and stayed for approximately six weeks in Cambridge, Massachusetts, collaborating with Jakobson. In Cambridge, she met Jakobson's collaborator Morris Halle (1923-2018) and she also presented to a young Noam Chomsky (b. 1928). Jakobson wished to involve her in his comprehensive project on Russian, but for various reasons she declined the offer. This decision marked a hiatus in their correspondence, lasting from 1953 to 1958. Their extensive exchange spanned the years 1949 to 1982.[1]

Jakobson celebrated his 60th birthday on October 10, 1956. Fischer-Jørgensen was invited by Morris Halle to contribute to a volume in honour (*Festschrift*) of Jakobson. This induced a correspondence (1955-57) between Halle and Fischer-Jørgensen. The title of Fischer-Jørgensen's text (1956) is 'The commutation test and its application to phonemic analysis'. Notably, in this paper Chomsky, at the time not even 28 years old, is not mentioned at all. However, the correspondence with Halle reveals that Fischer-Jørgensen, through Halle, Chomsky's collaborator, became acquainted with the content of an early work by Chomsky (1955), relevant for her paper. Interestingly, she only received the Chomsky paper after her own had been published. In a letter to Halle, written after receiving the

---

1   See Bank Jensen (2020: 41) and Bank Jensen & D'Ottavi (2020: 186-187).

Festschrift, she also commented on another paper in the *Festschrift*, namely Chomsky, Halle & Lukoff (1956).

In my paper, I aim to achieve the following: 1) demonstrate how certain parts of Fischer-Jørgensen (1956) serve as a commentary on the content of Chomsky (1955) and becomes part of a further discussion in Lees' review of Chomsky (1957) (covered in sections 2, 3 and 4); 2) present and elaborate on the Fischer-Jørgensen comments regarding the Chomsky-Halle-Lukoff paper. In her commentary, she refers to work she conducted herself in the same field, presented in 1948 but only published as Fischer-Jørgensen 1960 (section 5).

I have chosen to focus on the mediated connection between Fischer-Jørgensen-Chomsky because there is no apparent indication of this indirect exchange of ideas in the references within their texts from the 1950s. However, numerous discussions between Halle and the Danish linguist are well-documented in their papers through reciprocal references.

2. *Chomsky (1955): 'Semantic considerations in grammar'*

In the spring of 1955, Chomsky presented a paper titled 'Semantic considerations in grammar'. The published version includes a discussion that took place after the presentation. In this section, I will directly reference Chomsky's paper and the associated discussion. In the following section, I will elaborate on how Fischer-Jørgensen, through Halle, became acquainted with Chomsky's intervention, and how she reacted to this information.

Chomsky's paper contends that meaning and related semantic notions are irrelevant to the task of describing formal structure (Chomsky 1955: 141). As an example, he dismisses the relevance of meaning in the construction of phonemic systems. Chomsky argues that because of synonyms with different pronunciations (e.g., /ræšən/ and/ reyšən/ [*ration*]) /ekənamiks/ vs. /iykənamiks/), and because of homonyms with different meanings (e.g., *latter* and *ladder*), it is impossible to use "meaning" in a consistent way to construct phonemic systems. Chomsky proposes the use of the pair test, introduced by Zellig Harris, a test which Chomsky defines as non-semantic. In response to Kenneth Pike, Chomsky elucidates his understanding of the pair test:

> You record a certain set of utterances, all of them distinct, that is to say, each one a distinct piece of tape. Then you take two utterances and call them U1 and U2. They are two distinct pieces of tape. You splice them together after having copied one of them a certain number of times and copied the other one a certain number of times. You splice them in the following way: You take U1, the original one, put U2 following it, and then put a random sequence of U1 and U2 after this. You can tell the informant that you are going to play U1. You play it. Then you tell him that you are going to play U2 and you play it. After that you play both of them and you ask the informant to tell you which one, U1 or U2, you are playing. If you give him the two utterances [...] "take the latter" and "take the ladder" as I say it [,you will get about 50% accuracy]. If on the other hand, you take the utterances "bill" and "pill," you will get close to 100% accuracy in identification (Chomsky 1955: 151-152).

In the discussion, Floyd Lounsbury (Lounsbury in Chomsky 1955: 152-53) provides an example: the U1 and U2 are the word "cat" pronounced with two different 't's, one preglottalized and unreleased, and the other released and aspirated. A hypothetical linguist conducts the pair test with Lounsbury as the informant. Lounsbury now asks Chomsky: "Will I [the informant] identify them with 100%?". Chomsky answers:

> You may [...] suppose that I am the linguist, and you are the native speaker, who has perceived this sub-phonemic difference between U1 and U2, which usually native speakers would not hear [...] If on the whole sequence of such repetitions of the pair test, each time run with your repetitions and your utterances, if the same differences hold out consistently, then, I think, we are obliged to say that there is a phonemic distinctness there. In other words, if in your repetitions of your own utterances, you consistently make a given phonetic distinction, then that is a phonemic difference. In fact, in using the pair test, this does not happen for two reasons: because speakers of a language don't react to sub-phonemic differences, and should they react after all, by definition in repetition this drops off (Chomsky 1955: 152-53).

Lounsbury comments: "You are then ruling out free variation which the 'same or different' question tried to elicit". (Lounsbury in Chomsky 1955: 153). And Chomsky: "No, this does not rule out free variation. Every time you repeat an utterance, there is free variation, since the repetitions are not identical" (Chomsky 1955: 153).

3. Fischer-Jørgensen (1956) on the commutation test

At the end of January 1956, Fischer-Jørgensen sent to Halle the first version of her article: 'The Commutation Test and its Application to Phonemic Analysis'. The text introduces various formulations of the commutation test, e.g.: "If a difference in meaning can be caused by replacing one sound with another in the same environment, then [...] there is commutation between [the sounds]" (Fischer-Jørgensen 1956: p.141). In the first version sent to Halle, Fischer-Jørgensen did only rather briefly refer to Hockett (1955: 146) i.a.:

> Hockett's formulation ["sounding same or different"] is probably intended to account better for cases of synonymy and homonymy: /rut/ and /ruwt/ have the same meaning('root') but "sound different," 'meat' and 'meet' have different meanings, but "sound the same.[2] (Fischer-Jørgensen '1956', first version, sent to Halle).

This version of Fischer-Jørgensen's paper was written with no knowledge of Chomsky (1955). In his role as editor of the Festschrift, Halle sent a response to Fischer-Jørgensen with some specific suggestions for changes and additionally offered some "unofficial" general observations:

> The problem of the admissibility of meaning in phonemics is, in my opinion based on a misunderstanding. As Noam Chomsky has shown [Chomsky 1955] it is simply not true either that phonemically distinct utterances have different meaning or that utterances having different meaning are phonemically distinct.

---

[2] The full reference concerning Hockett in this first version corresponds to Fischer-Jørgensen (1956: 144, l.6-18).

The examples for this can be drawn from your own paper: /rut/ and /ruwt/ are clearly phonemically distinct, but they have the same meaning as do all free variants[3]; "meat" and "meet" have different meanings but are not phonemically distinct.

> Consequently phonemic distinctness cannot be dependent on the difference in meaning [...] (letter from Halle to Fischer-Jørgensen, February 4, 1956).

What Halle calls 'free variant' is called 'free alternation, not subphonemically' by Hockett (1955:146, see also footnote 3 in this paper), which is not a trivial difference, and Fischer-Jørgensen is aware of it. She writes in her answer to Halle:

> I do not believe that anybody would think of maintaining that all phonemically distinct utterances have different meaning, nor that utterances having different meaning must be phonemically distinct [...] But you could not have a language consisting of say 3000 homonyms! It remains a fundamental fact that the purpose of phonemic differences is the distinction of meanings. Homonyms can only be used in practical communication when the environments show what is meant. They restrict the redundancy of continuous speech.
> In the first version of my paper I had a long passage about synonymy and homonymy and a detailed mention of Harris's test. Perhaps I should not have shortened the text so much. Would you allow me to meet your criticism by a reformulation of [two paragraphs]? (letter from Fischer-Jørgensen to Halle February 9, 56)

The request is accepted by Halle. In the printed version the two additions are placed in Fischer-Jørgensen (1956: p. 144 line 19 – p.145, line 3 and p.145: line 32 *Perhaps* – line 41). I will focus on the first, which I quote in full:

---

3   "[...] some speakers of English pronounce the word *root* sometimes with /uw/, sometimes with /u/. The analyst might not know [whether it is] a case of free variation within the bounds of a single phonologic unit, or a case of free alternation, for the particular form, between two distinct phonologic shapes [...] *root* varies in the way we call free alternation, not subphonemically" (Hockett 1955:146).

In these cases it seems more appropriate to ask whether the two utterances sound the same than to ask questions about meaning. But the superiority of Hocketts formulation is not as evident as it looks at first sight. – The purpose of the commutation test is to find out whether there is a relation between a difference of sound and a difference of meaning. In all the numerous cases where such a relation is found (e.g. *bad – long* or (with minimal difference) *bad – mad*) it can safely be concluded that the two utterances are phonemically distinct. There are, however, cases where no such correspondence can be found, and these may be of three types: (1) [homonymy][4], e.g. *meat – meet*, (2) [synonymy], e.g. [rut – ruwt], (3) free variation, e.g. [li:f – łi:f] (*leaf* with clear or dark *l*). The first case need not make any difficulty in phonemic analysis. When there is no phonetic difference, there cannot be any commutation. If the analyst is in doubt, he may ask the informant whether the two words sound the same, or he may ask what the words mean. In both cases the result will be that they cannot be distinguished. They should of course be spoken in the same environment, e.g. in isolation, and the best method is to ask a second native informant to speak them a certain number of times in random order (as proposed by Harris, *Methods*, p. 32; Hockett, p. 146; and M. Halle, *Word*, 10, 1954, 200). The real difficulty lies in the distinction between (2) and (3). The commutation test will give a negative result in both examples, but whereas this will always be so for words differing only by *l-ł*, it will not be the case for all words differing by *u-uw* (cf. Hockett's example [wud – wuwd][5]). Cases (2) and (3) will therefore be distinguished in the final analysis, for it is only required that a replacement should be *capable* of entailing a difference in the content, not that it should *always* do so. On the other hand, if the informant is asked whether the two words "sound the same," he might give the answer "no" in case (3) as well, if the phonetic difference is sufficiently clear, and particularly if it has some social connotation. This would often be the case for example with variants of Danish /a/. Further examples would not be of any help: [li:f – łi:f, ruwt – rut, wuwd – wud] would all sound different, and would be recognized as different by the test mentioned above. A confusion can be avoided only if the informant is so sophisticated that

---

4 As a matter of fact, 'homonymy' and 'synonymy' are at this place in the paper confounded reciprocally. I have placed the words where they provide sense to the text.
5 Fischer-Jørgensen is referring to Hockett (1955: 146): [...] that /wuwd/ and / wud/ (*wooed, wood-would*) [...], and a number of other pairs of clearly different forms, are kept apart precisely by the difference, /uw/ versus /u/, which appears in the two different pronunciations of *root* [...].

he knows that the answer "sounds different" should not be given except when there is a difference of content or when the phonetic difference is capable of entailing a difference of content in other cases. Hockett is aware of the difficulty, but he does not say what he means by "sounding same or different" (Fischer-Jørgensen 1956: 144, l.19 – 145, l.3).

This extension of Fischer-Jørgensen's text exemplifies Hockett's distinction between 'free alternation – a fluctuation between two distinct phonological shapes' (in the case of *root*) and 'subphonemic free variation' (in the case of l in *leaf*). In doing so, she provides a more precise interpretation compared to Halle's less well-defined 'free variant' mentioned in the earlier letter and in Halle (1954: 209, footnote 29). Simultaneously, and without any knowledge of the ongoing discussion between Chomsky and Lounsbury, she manages to qualify and take a stance in this discourse. This is affirmed by her response to Halle, received after the publication of her text and the subsequent delivery of Chomsky's 1955 paper from Halle:

> Chomsky's article [Semantic Considerations in Grammar] was very relevant for my contribution to FRJ [For Roman Jakobson]. I am sorry that I did not see it before, but of course it appeared only shortly before I finished the article. My main objection is the same as my objection to Hockett (and Lounsbury's objection in the discussion [with Chomsky]): What about free variants which are so different that they are noticed by the informant and the two utterances recognized on this basis? I do not think it is right that speakers do not notice sub-phonemic differences. The slightest variations of a Danish *a* are noticed by Danes, because they have social and stylistic connotations (letter from Fischer-Jørgensen to Halle, December 8, 1956).

4. *The intervention by Lees (1957) in the (indirect) discussion between Fischer-Jørgensen and Chomsky*

The indirect discussion between Chomsky and Fischer-Jørgensen concerning free variants continues, when Lees (1957)[6] takes up Fischer-Jørgensen's 3 examples:

---

6   Lees' influential review of *Syntactic Structures* (Chomsky 1957).

That the informant response test is not a semantic criterion has been clearly demonstrated by Chomsky [1955], especially for the case of phonemic analysis. He points out with compelling cogency that 'difference of meaning' is completely irrelevant to 'phonemic distinctness', since homonyms prove it to be an insufficient condition, while synonyms prove it to be an unnecessary one. This point is of such general interest that a brief summary may not be out of place here. The usually stated canon is that if a phonic difference in some environment entails a meaning difference, then the phonic difference is an instance of a phonemic contrast. In other words, difference of meaning is a criterion to distinguish free variation from contrast. Consider the following crucial types, in which the transcriptions followed by an asterisk[7] are in question:

(1) [*mi:t** me at *mi:t** market] Meet me at the meat market.
(2) [this *rut** is a square - *ruwt**] This root is a square-root.
(3) [this *li:f** is an oak - *li:f**] This leaf is an oak-leaf.

[...] In case 3 (free variation) the lack of meaning difference will lead the analyst to identify [l] and [ɫ] correctly in the given environment. If it be supposed that meaning difference can nevertheless serve to distinguish case 2 from case 3 for a whole set of phone-token pairs, each illustrating the same proposed phonemic contrast, by the fact that a meaning difference must be found in at least one such pair if the given phonic difference is phonemic, this can only be because the analyst has been able previously to identify corresponding members of the pairs as phonemically identical [...] (Lees 1957: 396)

It is noteworthy that Lees constructs an example with the two *different* pronunciations of 'leaf' in the *same* utterance. The result is that the example can only be interpreted as a variation made individually, Lees thus inherently excludes Fischer-Jørgensen's point regarding potential social connotations related to sub-phonemic variation. Lees later writes:

It has been objected that an informant might easily learn to distinguish free variants, as in case 3 above, and thus invalidate the results [of the

---

7   In a footnote, Lees (1957: 396) explains that the starred examples are taken from the discussion of this question in Fischer-Jørgensen (1956). For 'root' I have taken Fischer-Jørgensen's method of marking the pronunciation so as not to complicate the symbols. The rendering of the other parts of Lees' presentation of the examples have been slightly adapted.

'pair test']. [However] if an informant does in fact distinguish [1] from [ł] consistently in all examples tested, then the distinction is not a case of free variation at all, but one of synonymy [...] (Lees 1957: 397).

In this last statement, Lees aligned with Chomsky (1955) but in contrast to Fischer-Jørgensen (1956) and her letter cited above, rules out the possibility that the informant recognises sub-phonemic differences which have social connotations.

During the International Congress of Linguists in 1962, Chomsky (2012: 174-75) presented a direct critique of the commutation test, although he did not explicitly refer to Fischer-Jørgensen, choosing instead to focus on Diderichsen (1949). In the same paper, Chomsky (2012: 168ff.) expressed a strong criticism of structuralist "taxonomic phonemics" and "its striking reliance, in almost all versions, on procedures of segmentation and classification (identification of variants)." Chomsky & Halle (1968: 11) discarded both the phoneme and the phonemic level.

Fischer-Jørgensen (1994: 48) for her part would never "be an admirer of generative phonology." From a European point of view, she expressed a lack of discovery in novel perspectives and disapproval for the abandonment of the phoneme, as well as the marginal attention given to phoneme systems and the syllable.[8] Her primary concern lay in the perceived discrepancy between the underlying forms deduced in generative phonology and the actual "surface" forms.

5. *Shared perspectives on stress/accent in English and other Germanic languages*

While Fischer-Jørgensen and Chomsky held divergent views regarding the relevance of semantics in phonology, an analysis of the correspondence between Halle and Fischer-Jørgensen reveals a convergence of ideas between the Danish linguist and Chomsky

---

8 Fischer-Jørgensen (1975a: 207): "Chomsky and Halle [...] in the chapter on stress rules [1968: 15ff.] often use the term *syllable*, but it has no formal status in the theory."

(alongside Halle and Lukoff) concerning the analysis of stress/accent.

5.1 *Chomsky, Halle & Lukoff (1956): 'On accent and juncture in English'*

In the Roman Jakobson Festschrift Chomsky, Halle and Lukoff present 'On accent and juncture in English', a seminal paper that introduced the treatment of stress into generative phonology. In this paper, they propose a re-examination of English suprasegmentals. In place of the four degrees of phonemic stress postulated by previous treatments (e.g., Smith and Trager 1951), Chomsky et co. aimed to predict the entire spectrum of phonetic stress possibilities with only a single phonemic accented-unaccented distinction. This economical approach was achieved by positing a set of ordered rules sensitive to underlying junctures located at certain morpheme boundaries.

According to Newmeyer (2022), this paper targeted the post-Bloomfieldians at their most vulnerable points. The analysis by Chomsky et al. resulted in a non-biunique relationship between phonemics and phonetics, violating the prohibition against mixing levels. Both aspects were incompatible with post-Bloomfieldian methodology (Newmeyer 2022: 136). While discussing Bloch (1941), Fischer-Jørgensen (1975a: 89-90) contends that the biuniqueness condition is intricately linked with the stipulation that morphological considerations are inadmissible: "It is not until the morphemes have been analysed, and it has been found that [ðem] and [ð☐m] are variants of the same morpheme, that an argument for interpreting [☐] as a variant of /e/ is available."

However, let us return to the correspondence between Halle and Fischer-Jørgensen. When she gets the Festschrift, she writes to Halle:

> I have read the article you have written together with Chomsky and Lukoff, and I agreed on all essential points. I have never been able to accept the Smith-Trager analysis of English, and similar analyses of other German languages; I found it completely arbitrary to set up 4 stresses, since the number of distinguishable stresses depends on the complexity of the syntactic structure. – In a paper read to the phonetic

section of the congress of Anthropology 1948 (whose acts have never been printed as far as I know) I considered the differences of stress in compounds etc. as reduction of stress due to the structure of immediate constituents and maintained that the important thing is always a comparison between two members, and two members only, but that this may take place at different levels – I did not however set up a detailed and exact procedure as you do. – I think Uriel Weinreich's recent article on stress in Yiddish is on the same line, and hope that this way of looking at stress in English and related languages may be generally recognized (letter from Fischer-Jørgensen to Halle, December 8, 1956). In the next sub-section, I bring some references to the printed text.

5.2 Fischer-Jørgensen (1960 (1948)): 'Some remarks on the function of stress with special reference to the Germanic languages'

"Stress is here taken to mean the relative prominence of a syllable". With these words Fischer-Jørgensen (1960: 86) begins her paper. For English she provides examples of a *distinctive phonemic function* of stress, e.g. *'essay* vs. *es'say*, but also of what she calls a *uniting function*: the reduction of stress may indicate an intimate union of two members of a group, e.g., *'blackbird* (vs. *'black 'bird*).

For German (1960: 87), she provides more advanced examples of the uniting function, for example:

'Hand,, schuh, macher (Hand(schuhmacher)) = Hand-shoemaker
'Hand, schuh☐ ☐macher (Handschuh)macher) = Glover ("glove-maker").

In her paper, she observes that at times different reductions may yield different meanings (see the examples above). Nonetheless, the primary function is to indicate a distinct relationship between the members (in this case a difference in immediate constituents).

((('*Kurz, waren*)☐ ☐*händler*)*ver*☐ ☐ ☐*ein*)[9] is a more complex example, where it is possible to distinguish several degrees of reduction. But this can only be carried out, according to Fischer-Jørgensen, for each group separately. And she emphasises that it is entirely arbitrary to assert that a language has 3 or 4 degrees of reduced stress. The

---

9   *Kurzwaren* = haberdashery, *Kurzwarenhändler* = haberdasher, *Kurzwarenhändlerverein* = haberdasher association

crucial factor is always a comparison between two members and only two members, although this may take place on different levels.

According to Fischer-Jørgensen, reduction of stress may also manifest in groups of independent words, e.g., German *ein Pfund 'Zucker* and Danish *stå 'op* (to get up) vs. *'stå 'op* (to stand). In all instances, the reduction of stress indicates an intimate union among the members of the group, which, as a secondary outcome, may convey specific meanings. She asserts, however, that in English, the unifying function of stress is not evident in groups of independent words.

In the printed article (1960: 88), she appends:

> Since this paper was written in 1948, similar views have been expressed by various other authors. The main idea, i.e. treat stress in the Germanic languages as an opposition between two members in different functional layers (which was I think, a further development of Otto Jespersen's description) and not as a category of 3 or 4 members, can e.g. be found combined with more elaborate analysis, in Weinreich (1954) and Chomsky, Halle & Lukoff (1956).

5.3 Parallels and differences between the two analyses

The Fischer-Jørgensen analysis shares two significant aspects with the analysis presented by Chomsky et al.: (1) for her, the key factor is that the relevant comparison of stress is always between two members and only two members, aligning with a concept akin to Chomsky et al.'s *accented/not-accented* distinction; (2) her employment of parentheses is rather similar to, though less sophisticated, than Chomsky's marking of junctions. However, in the letter quoted above, Fischer-Jørgensen offers additional commentary:

> I find your article very clear. – I only have one question: How do we find the junctures? They are not simply morphological boundaries, first because not all morphological boundaries but only those that facilitate the transcription are marked, and secondly because there may be junctures without corresponding morphological boundaries (e.g. German Nachtigall, Hermelin etc. behave like compounds). I think the method must be this, that first we make a preliminary analysis setting

up a greater number of distinguishable stresses, and then we make a reduction, introducing junctures to account for the phonetic differences – (letter from Fischer-Jørgensen to Halle, December 8, 1956).

In a letter (December 10, 1957), Halle responds: "I was interested to learn that you had anticipated some of our ideas in the stress article. It is a great pity that your paper was not given wider circulation, it would have been of great help to us in our discussions." He refrains from offering a direct response to Fischer-Jørgensen's question. It can be noted, nonetheless, that a partial answer had already been provided by Chomsky et al. in their paper:

> [...] junctures should appear only at morpheme boundaries [...] Only those morpheme boundaries are marked by a juncture where actual simplifications in the transcription are achieved. In other words, junctures are postulated only where phonetic effects can be correlated with a morpheme boundary (Chomsky, Halle & Lukoff 1956: 67-68).

Fischer-Jørgensen and Chomsky et al. appear to agree that junctures should only be introduced where these account for phonetic differences. However, there seems to be disagreement over whether a morpheme boundary is obligatory. For Fischer-Jørgensen, the syllable stands as a fundamental unit in her paper and in her theory, so for her it is problematic when a word with no morpheme boundaries behaves like a compound. Chomsky, Halle & Lukoff (1956) still refer to the syllable, but they do not address the issue raised by Fischer-Jørgensen. This may be perceived as a foreshadowing of Chomsky & Halle's later work (1968), where the syllable has no formal status in the theory.

Stephen Anderson (2021: 406-07) emphasises that the initial significant impact of generative work on the assumptions of American structuralism did not emanate from developments in transformational syntax, but from the phonological proposals articulated in Chomsky et al.'s (1956) paper. According to Anderson, the description was manifestly more elegant than any previous treatment, but it essentially relied on rules that were sensitive to grammatical structure. In 1957, at the Second Texas Conference on Problems of Linguistic Analysis in English, the analysis faced vigorous criticism and, according to conference participants, was conclusively discredited. In Denmark Fischer-Jørgensen's analysis found resonance and was further developed by her pupils Jørgen Rischel and Hans Basbøll (see Basbøll 2005: 323-349 and 489-495).

6. Conclusion

In the first section of this paper, I have elucidated on how Fischer-Jørgensen, likely one of the foremost scholars from a European university,[10] engaged in a discussion concerning the first published manifestations of Chomsky's concepts on phonology. Rooted in European phonology, devoid of scepticism towards semantics, and ingrained in a tradition that incorporates sub-phonemic social and stylistic connotations in the analysis, she refined the illustrative material provided by Hockett. Significantly, in his attempt to counter her analysis, Lees modified her example.

On a broader scale, concerning the construction of phonemic systems, Chomsky and Fischer-Jørgensen adopt fundamentally different approaches concerning a) the relevance of meaning in the construction of phonemic systems; b) the language users' sub-phonemic awareness. These two points form part of a difference on a more general level. Fischer-Jørgensen finds it advantageous to formulate phoneme systems with a relatively close connection to surface phenomena, whereas Chomsky focuses on a combination of deep structure, transformation rules and the absence of an independent phoneme level.

Given these fundamentally disparities, it is intriguing that in 1948, Fischer-Jørgensen concerning accent/stress, anticipated a number of pivotal conclusions in Chomsky, Halle & Lukoff (1956): a) by addressing stress/accent in Germanic languages, not as a category with 3 or 4 members, but as an opposition between two members in different functional layers; b) by recognising the importance of boundaries (referred to as junctions by Chomsky

---

10   I use this formulation because many linguists who lived in US in these years had European origins, while the direct personal exchange between US and Europe was still rather limited in the first post war decade.

& co., and as parentheses by Fischer-Jørgensen). This exchange clarifies why Fischer-Jørgensen did not perceive Chomsky's ideas as groundbreaking, unlike the American post-Bloomfieldians, since incorporating morphological traits into the study of phonology was not novel to her. It also confirms that Fischer-Jørgensen played a less well-known but nonetheless significant role in the 1950s in fostering contact between American and European linguistics.

References

Correspondence between Eli Fischer-Jørgensen and Morris Halle (Manuscript Collections at The Royal Danish Library, Copenhagen: Acc: 2005/99, ks. (=box)12).

Anderson, S., (2021), *Phonology in the Twentieth Century* (second edition revised and expanded), History and Philosophy of the Language, 5 (Berlin: Language Science Press).

Bank Jensen, V., (2020a), 'Introduction to themes in the correspondence', in V. Bank Jensen, G. D'Ottavi, eds., 11–84.

Bank Jensen, V., G. D'Ottavi, eds., (2020), *From the Early Years of Phonology. The Roman Jakobson – Eli Fischer-Jørgensen Correspondence (1949-1982),* Scientia Danica, Series H, Humanistica 8, Vol. 20 (Copenhagen: The Royal Danish Academy).

Basbøll, H., (2005), *The Phonology of Danish* (Oxford: Oxford University Press).

Bloch, B., (1941), 'Phonemic overlapping', *American Speech*, 16, 278–84.

Chomsky, N., (1955), 'Semantic considerations in grammar', in *Georgetown University Monograph Series on Languages and Linguistics*, n. 8, 141-58, including discussion, 150-158 (Washington D.C.: Georgetown University Press).

——, (2012 [1964]), 'The logical basis of linguistic theory', in *Eight Decades of General Linguistics*, ed. by F. Kiefer, P. v. Sterkenburg, 123-236 (Brill: ProQuest Ebook Central).

Chomsky, N, M. Halle, F. Lukoff, (1956), 'On accent and juncture in English', in *For Roman Jakobson*, ed. by M. Halle *et al.*, 65–80 (s'-Gravenhage: Mouton).

Fischer-Jørgensen, E., (1956), 'The commutation test and its application in phonemic analysis', in *For Roman Jakobson*, ed. by M. Halle *et al.*, 140–151 (The Hague: Mouton).

——, (1960), 'Some remarks on the function of stress with special reference to the Germanic languages', in *Congrès international des sciences anthropologiques et ethnologiques. Compte-rendu de la Troisième Session*

Bruxelles 1948, 86–88 (Tervuren).

——, (1975a), *Trends in Phonological Theory. A Historical Introduction* (Copenhagen: Akademisk Forlag).

——, (1975b), 'Perspectives in phonology. Plenary session report at the 8th International Congress of Phonetic Sciences, Leeds 1975', *ARIPUC* 9, 215–235.

——, (1994), 'Fonetik og fonologi. Tale i anledning af æresdoktorgraden ved Københavns Universitet', *Nydanske Studier & Almen Kommunikationsteori*, 19, 37–56.

Halle, M., (1954), 'The strategy of phonemics', *Word*, 10, 197–209.

Harris, Z., (1951), *Methods in structural linguistics* (Chicago: The University of Chicago Press).

Hockett, C.F., (1955), *A manual of phonology* (Bloomington, Indiana: Waverly Press).

Lees, R.B., (1957), 'Review of Syntactic Structures by Noam Chomsky', *Language*, 33(3), part 1, 375-408.

Newmeyer, F, (2022), *American Linguistics in Transition: From Post-Bloomfieldian Structuralism to Generative Grammar* (Oxford: Oxford University Press).

Trager, G.L., and H.L. Smith, (1951), *An Outline of English Structure*, Studies in Linguistics, Occasional Papers, 3 (Norman, Oklahoma: Battenberg Press).

Weinreich, U., (1954), 'On stress and word structure in Yiddish', in *The Field of Yiddish*, ed. by U. Weinreich, 1-27 (New York: New York Linguistic Circle).

SECTION 2
GRAMMARS AND GRAMMATICAL NOTIONS IN THEIR HISTORIES

BERNARD COLOMBAT

L'EXEMPLIFICATION DANS LA GRAMMAIRE GÉNÉRALE ET RAISONNÉE DE PORT-ROYAL

Abstract: Unlike the descriptors of languages during the Renaissance, who sought to account for linguistic diversity by choosing the Lord's Prayer as a sample, the *Messieurs* of Port-Royal aimed to propose a general theory of language. In this context, the quantity and variety of data is no longer the goal to be achieved. In fact, it is possible to derive a theory of language from a single language. However, Arnauld and Lancelot are careful to draw their examples from several languages: they borrow the majority of them from two languages, French and Latin, but other data are added mainly from Greek, Hebrew and Romance languages, with some additional allusions to German and Walloon. The purpose of this article is to study in the *GGR*: the distribution of examples according to languages; the play of languages in the examples; the origin and quality of the examples; the transformation of examples (metaphrases for explanation and anti-examples).

Keywords: history of linguistics; general grammar; linguistic data; grammatical examples; Seventeenth century

1. *La question initiale*

On se posera la question suivante : comment – dans une grammaire qui se veut « générale » et qui est par ailleurs fort courte (166 pages dans l'édition de 1676, à laquelle nous renvoyons) – les auteurs peuvent-ils illustrer leur propos, sachant que les données sur les langues sont innombrables ? Pour rendre compte de la diversité linguistique, les descripteurs des langues à la Renaissance avaient trouvé la solution de choisir *un* texte, pas n'importe lequel, puisqu'il s'agit du *Notre père*, et de le traduire dans un aussi grand nombre de langues qu'il leur était possible. Les ouvrages appelés *Mithridate* – du nom du roi polyglotte du Pont qui avait le don de parler à chacun des sujets de son immense royaume dans sa langue maternelle – apparaissent dès le XVIe siècle et prospèrent au moins jusqu'au XVIIIe siècle avec le *Mithridate* d'Adelung et Vater.

L'objectif des Messieurs de Port-Royal est radicalement différent : il ne s'agit plus de fournir des échantillons de diverses langues, il s'agit de proposer une théorie générale du langage. Dans ce cadre, la quantité et la variété des données n'est plus le but à atteindre. À la limite, on pourrait tirer d'une *seule langue* une théorie du langage[1].

C'est ce que faisaient les médiévaux – du moins ceux qui relèvent du courant de la grammaire modiste – à partir du latin, c'est encore ce que fait dans une certaine mesure Sanctius dans la *Minerve* qui a, par bien des côtés, des allures de grammaire générale.

Pourquoi, alors, ne pas les prendre dans la langue maternelle des auteurs et des lecteurs, à savoir le français ? l'exemple le plus célèbre de la *GGR* est très certainement *la terre est ronde* (1676 : 28), puisqu'il illustre la proposition, fondement de l'analyse. Il est à noter qu'il est répété (1676 : 94). Il aurait pu alors être traduit sur le champ, par exemple en latin, ce qui aurait donné dans l'optique des Messieurs *tellus est rotunda* : la phrase est effectivement attestée un peu plus bas dans l'ouvrage, dans la séquence *dico quod tellus est rotunda*, équivalent de *dico tellurem esse rotundam* (1676 : 75). Un latiniste d'aujourd'hui attendrait sans doute plutôt *tellus rotunda est*, avec le verbe à la fin. En fait les Messieurs ne se posent même pas la question, tant la structure avec le verbe après le sujet s'est imposée dans la tradition occidentale depuis le Moyen Âge. Et pour eux, tel est bien l'ordre normal, en français, mais aussi implicitement en latin, comme le montre la définition de *est* comme « la liaison entre ces deux termes » que sont le sujet ou l'attribut (1676 : 29).

---

1   Comme le remarque déjà M. Foucault dans sa Préface à la réédition de la *GGR*: « À la limite, on pourrait bâtir une grammaire générale à partir d'une seule langue, comme on peut découvrir les raisons d'une langue déterminée à partir de la grammaire générale. » (1969 : x–xi).

La prédominance du français peut s'expliquer ainsi : c'est la langue qui est sous la main, et celle qu'on peut prendre naturellement pour socle pour étudier les phénomènes linguistiques dans leur généralité.

Quel est alors le rôle des autres langues ? On pourrait penser qu'elles sont utilisées simplement pour suppléer à l'étude des phénomènes que le français ne permet pas d'étudier. C'est sans doute le cas, mais ce n'est qu'en partie le cas. Certains phénomènes, comme ceux touchant le pronom relatif, semblent étudiés pour eux-mêmes, et ils le sont essentiellement pour le latin.

2. Qu'est-ce qu'un exemple ?

Quand on pense à un exemple dans une grammaire, on voit assez souvent l'exemple syntaxique, c'est-à-dire une phrase, ou un fragment de phrase (assez long pour être intelligible), soit supposé, soit effectivement attesté – et dans ce cas, on attend plus ou moins l'indication des sources. Amenés à travailler sur une base de textes outillée, à savoir le *Grand Corpus des grammaires françaises, des remarques et des traités sur la langue*, récemment étendu aux ouvrages du XVIIIe siècle, nous avons considéré qu'un exemple était tout fragment de langue citée à fin métalinguistique, du plus petit (pour un linguiste, un phonème, pour un grammairien, un caractère ; mais aussi un signe métalinguistique, tel qu'un accent, une marque typographique, etc.) au plus grand (une période, voire un texte entier).

3. En premier examen, les exemples touchant les voyelles (Ire partie, chap. 1)

Les Messieurs commencent par les voyelles. Ils en comptent cinq, *a, e, i, o, u*, mais ajoutent que la diversité peut être apportée par leur longueur respective et par l'ouverture de la bouche. Les exemples qui viennent sous leur plume sont – implicitement – des exemples français : différence entre *e* ouvert et *e* fermé, dans *mer* et *abysmér* et, selon un principe d'économie, dans le même mot, entre la première et la dernière syllabe : *netteté, ferré* (1676 : 7).

La variété linguistique surgit avec le grec qui note la longueur de *e* et du *o* par des graphies spécifiques. Ensuite, c'est l'*u* prononcé *ou* en latin, en italien et en espagnol, *u* en français comme en grec (1676 : 8-9). Dans tous ces cas, il n'y a pas d'exemple. Une place est faite à *eu* [ø], illustré par *feu* et *peu*.

Mais le passage le plus intéressant concerne le « *e* muet ou féminin, qui n'est dans son origine qu'un son sourd, conjoint aux consonnes, lorsqu'on les veut prononcer sans voyelle, comme lors qu'elles sont suivies immédiatement d'autres consonnes, ainsi que dans ce mot, *scamnum* » (1676 : 8). C'est donc un mot latin, [skamənum], qui fournit le premier exemple, mais c'est l'hébreu qui fournit sa dénomination : *scheua*. Ce phonème « se trouve necessairement dans toutes les langues, quoy qu'on n'y prenne pas garde, par ce qu'il n'y a point de caractère pour le marquer » (*ibid.*).

Néanmoins certaines langues le notent comme l'allemand (pas d'exemple) ou le français, où les exemples suivants sont donnés : *netteté, j'aimeray, donnerai*, &c. Notons, pour son *e* en syllabe centrale, la reprise du mot *netteté*, déjà étudié pour les deux autres *e*, et qui, à lui tout seul donc, illustre les trois variétés, traduisant ainsi une grande économie de moyens. La dernière remarque, avec *vie, vuë, aimée* comme exemples de « demi-syllabe », n'est pas sans soulever des problèmes : on sait que le traitement du *e* muet en finale n'est pas le même selon qu'il est une marque flexionnelle (*aimée*) ou la graphie d'un mot féminin (*vuë* et *voie*).

Récapitulons : ce chapitre initial comporte une quinzaine d'exemples français, un exemple latin (*scamnum*). Les autres langues ne sont évoquées que par allusion (au grec, à l'italien, à l'espagnol, à l'hébreu, à l'allemand), mais sans exemple spécifique. La voyelle centrale désonorisée (le schwa) est posée comme indispensable en transition entre deux consonnes dans toutes les langues, mais graphiquement représentée seulement en français et en allemand.

4. Les exemples par langue

4.1. Les données brutes

Nous nous sommes donné les moyens d'isoler et de dénombrer ces exemples. Pour un texte aussi court que la *GGR*, nous avons obtenu les résultats suivants (bruts) :

> Liste des exemples : 1377 (mots des exemples: 1461)
> Exemples français : 926 (env. 67%)
> Exemples latins : 392 (env. 28%)
> Exemples grecs : 34
> Exemples hébreux : 27
> Exemples italiens : 11
> Exemples espagnols : 3
> Exemples allemands : 2

Ces données, pour être brutes, sont néanmoins parlantes : les deux tiers sont des exemples français, un peu plus d'un quart sont des exemples latins.

Si l'on prend « exemple » au sens – plus habituel – de mot, phrase, énoncé, syntagme plus ou moins long (bref, ceux que nous avons retenus dans l'index de notre édition), on en trouve encore plus de 260 pour le français, et une centaine pour le latin. La conclusion semble sans appel : la *GGR* puise ses exemples dans le français pour l'essentiel, mais aussi, pour une part non négligeable, dans le latin. Parmi les autres langues, les langues « sacrées » que sont l'hébreu et le grec « dominent » les vernaculaires européennes, dont l'italien est la plus représentée. En aucun cas, les Messieurs n'ont cherché l'illustration de leur théorie dans la diversité linguistique.

4.2. Les exemples tirés du français

C'est la langue qui fournit « naturellement » les exemples les plus communs, comme des exemples de noms propres ou communs (II, 3), les exemples qui illustrent le jeu des articles (plus de trente exemples en II, 6) ou des pronoms (plus de 20 exemples en II, 7), spécialement le pronom relatif (II, 9). C'est naturellement elle qui sert à illustrer le chapitre intitulé *Examen d'une Regle de la Langue Françoise* (II, 10 : 26 exemples). Le jeu des prépositions est étudié essentiellement en français (II, 11 : 34 exemples). Le chapitre *Des Verbes Auxiliaires des Langues vulgaires* emprunte aussi la plupart de ses nombreux exemples au français (II, 22 : 43 exemples).

4.3. Les exemples latins

Au sens restreint du terme, ils sont au nombre d'une centaine. Comme attendu, le latin sert à illustrer le chapitre sur les cas (II, 6 : 18 exemples), ou encore le chapitre (II, 21) sur les gérondifs et supins. Mais il est utilisé aussi pour illustrer, par des exemples attestés, parfois assez longs, la suite du chapitre II, 9 sur le pronom relatif. Il sert aussi pour illustrer le passif impersonnel dans le chapitre II, 19. Il est également utilisé dans le chap. II, 24, pour illustrer les figures de construction.

Il est à noter que le lecteur est censé savoir le latin, comme le montrent des séries de verbes sans traduction : ainsi les impersonnels *poenitet, pudet, piget, licet, lubet, &c., statur, curritur, amatur, vivitur, &c.* (1676 : 126).

De même cette citation de Pline l'Ancien, *Apri inter se dimicant, indurantes attritu arborum costas,*[2] n'est glosée qu'en latin : « *c'est à dire*, post quam induravere » (1676 : 131). De même pour la suivante de Virgile : *Quis talia fando temperet a lachrymis ?*[3] glosée « *c'est à dire*, in fando *ou* in fari talia » (1676 : 135). Si le nom de Pline apparaît – sous forme abrégée Plin. – dans la première citation, celui de Virgile n'est même pas cité dans la seconde.

4.4. Les exemples empruntés aux langues sacrées autres que le latin : grec et hébreu

Mis à part le latin et surtout le latin, peu de place est laissé aux exemples des autres langues.

---

2   Pline l'Ancien, 8, 212 : « Les sangliers combattent entre eux, s'endurcissant les côtes par le frottement des arbres. »
3   Citation abrégée de Virgile, *Énéide*, 2, vers 6 et 8 : « Qui retiendrait ses larmes en prononçant de telles paroles ? »

Le grec est un peu représenté, avec ὁ Φίλιππος (1676 : 57), βιβλίος μου (1676 : 65), θρονύς σου ὁ θεὸς (1676 : 45), οὐ τὸ μὐλοπιάτου ὐθητε (1676 : 73), Λέγεις ὅτι πλούσιός εἰμι (1676 : 79), <πε>ποιήσομαι opposé à ποιήσω (1676 : 109), les séquences les plus longues correspondant à des passages de la Bible à fin de comparaison avec la traduction latine correspondante.

L'hébreu est encore moins utilisé : en hébreu, « il y a des mots que ne sont differens que parce que l'un finit par un *Aleph*, et l'autre par un *He*, qui ne se prononcent point, comme יָרֵא qui signifie *craindre :* & יָרָה qui signifie *jetter* » (1676 : 20) ; « Dans l'hébreu, on change <non le genre qui est régi>, mais celui qui régit. Comme דְּבַר שֶׁקֶר *verbum falsitatis*, où le changement ne se fait pas dans שֶׁקֶר *falsitas*, mais dans דְּבַר pour דָּבָר *verbum* » (1676 : 47) ; le pronom de la seconde personne n'est pas sensible au genre « hors l'Hebreu, et les Langues qui l'imitent ; où le masculin אַתָּה est distingué du feminin אַתְּ » (1676 : 60). La notation « les Langues qui l'imitent » nous rappelle que l'hébreu fait partie des « Langues orientales » : ce syntagme est cité – sans plus de précision – à six reprises (1676 : 106-107, 112, 115, 122).

4.5. *Les exemples empruntés aux langues vernaculaires*

Des langues « vulgaires » (tel est le nom donné dans la *GGR* aux langues vernaculaires modernes), celle qui fournit le plus d'exemples est l'italien : *l'Ariosto, il Tasso, l'Aristotele* (1676 : 57) ; *il caldo fà, fà caldo, si fà tarde* (1676 : 129), *sono stato* (1676 : 138). L'espagnol n'est cité que pour *vnos animales* (1676 : 54) et des notations spécifiques comme *ll* dans *llama*, ou *ñ*, pour lesquelles l'italien utilise *gl* et *gn* (1676 : 11). L'allemand est signalé pour ses auxiliaires « *Werden*, devenir, ou *Wollen*, vouloir » (1676 : 136), alors que « les langues du Nort » sont mentionnées pour leur « double W », comme dans *Winum, winum* (1676 : 13).

5. La nature des exemples

La nature des exemples peut varier considérablement. Il peut s'agir d'exemples anonymes, identifiés, ou identifiables ; d'exemples forgés ou d'exemples littéraires ; d'exemples empruntés à une réalité triviale, ou à un contexte politique ; ou encore d'exemples à valeur religieuse ou moralisante.

5.1. Mots isolés et exemples forgés

Les exemples sont volontairement simples. Dans la partie phonétique de l'ouvrage, il n'y a aucune recherche de rareté dans les mots utilisés comme exemples, bien au contraire. Des paires phonétiques : *mer* et *abysmér*, *coste* et *cotte*, *hoste* et *hotte* (1676 : 7). Les « diphthongues » sont illustrées par *mien, hier, ayant, eau* (1676 : 14). Les monosyllabes le sont par *moy, da, tu, saint* (1676 : 16). Dans la deuxième partie, les « choses » sont illustrées par *la terre, le Soleil, l'eau, le bois* (1676 : 30), les noms de professions par « *Roy, Philosophe, Peintre, Soldat,* etc. » (1676 : 33), les « noms generaux, ou appellatifs » par *homme, lion, chien, cheval* (1676 : 35–36), les noms propres par *Socrate, Paris, Pierre, Jean* (*ibid.*). Si les termes latins plus rares *scrobs* et *stirps* sont cités (1676 : 15), c'est pour montrer la possibilité d'une accumulation de consonnes avant ou après la voyelle.

Même simplicité du côté des exemples de construction : *Le Roy aime la Reine. La Reine aime le Roy* (1676 : 49–50), *Dieu qui est saint* (1676 : 67), *Dieu est bon* (1676 : 67–68). Les jeux sur les pronoms dans leurs différentes fonctions sont de même illustrés par des exemples réduits au strict minimum :

> *Vous luy dites ; Dites-luy. Vous leur dites ; Dites-leur. Vous le menez ; menez-le. Vous la conduisez ; Conduisez-la.* (1676 : 62)

> *Dites-le moy à moy : Je vous le donne à vous : Il me le promet à moy-mesme : Dites-leur à eux-mesmes : Trompez-la elle-mesme : Dites-luy à elle-mesme.* (1676 : 63)

5.2. Exemples littéraires (citations)

Les exemples littéraires sont beaucoup plus rares. La *GGR* n'est pas une grammaire de corpus, à la différence des *Elegantiae* de Valla, du *De emendata* de Linacre et de la *Minerva* de Sanctius. Ces auteurs éprouvaient le besoin d'asseoir leurs principes théoriques sur des *testimonia* aussi nombreux que possible. C'est encore ce que fait Lancelot dans sa *Nouvelle Méthode pour apprendre la langue Latine*, en multipliant les exemples attestés, et précisément référencés. Dans la *GGR*, rien de tel : un exemple, le plus simple, suffit. Pensons à *Dieu invisible a créé le monde visible*, ou à *La terre est ronde*. Il s'agit d'illustrer la généralité par une sorte d'épure, où l'exemple est dépouillé de tout superflu.

Dans cette configuration, donner un exemple littéraire ne peut s'expliquer que si l'on veut prouver que tel mot, tel accident, telle construction sont réellement attestés. Et les références sont alors données sans précision, souvent par le nom de l'auteur (Cicéron, Plaute, Virgile), voire par son abréviation (Cic., Plin.).

C'est le cas dans la *Suite* du chapitre II, 9 *Du Pronom appelé Relatif* (1676 : 72–79), dont le contenu est en grande partie ajouté en 1676, et dans lequel les Messieurs entendent prouver que les deux fonctions du pronom relatif, celle de conjonction et celle de représentant d'un nom précédemment exprimé, peuvent être décumulées. Ils citent alors d'assez longs passages, tirés de Tite-Live, du *Nouveau Testament*, de Plaute (*Trinummus*), de Cicéron, du *Panégyrique* de Pline le Jeune. Mais les indications des passages concernés manquent, ou sont lacunaires (les plus précises qu'on trouve en cet endroit sont : *Orat. 5. In Verrem*, l'Apocalypse cha. 3).

Derrière les citations anonymes peuvent se cacher des textes attestés : les trois exemples de syllepse comme irrégularités contre les genres et les nombres, *Ubi est scelus qui me perdidit ?*, *Turba ruunt*, *Pars mersi tenuere ratem* (1676 : 159), sont en fait tirés de Térence, Ovide et, avec modification, de Virgile. Il ne faut pas croire que les auteurs aient voulu en masquer l'origine, bien au contraire : ce sont simplement des exemples que « tout le monde » connaît, des exemples canoniques qui viennent à l'esprit plus vite que la règle qu'ils illustrent (cf. Colombat 1993 : 443–521). Le dernier exemple est particulièrement intéressant, car il est une déformation – fort ancienne – du texte de Virgile, *Pars auersi tenuere facem* (*Énéide*, 6, 222–224) « Une partie [sg.], détournant [pl.] le regard, tinrent [pl.] leurs flambeaux » transmis sous cette forme « Une partie [sg.], engloutis [pl.], retinrent [pl.] le radeau ».

Il en est de même pour le français : dans *Dieu dont nul de nos maux n'a les graces bornées* (1676 : 140), il est probable que les contemporains des Messieurs reconnaissaient le début d'un *Hymne pour le Carême* de Le Maistre de Sacy.

6. Le travail sur les exemples

6.1. Réécriture de l'exemple dans la même langue

Certains exemples connaissent une réécriture dans la même langue. C'est le plus souvent le cas pour le français. Donnons cet exemple :

(1) Dieu invisible a creé le monde visible
(2) Dieu qui est invisible a creé le monde qui est visible
(3) Dieu qui est invisible, est le créateur du monde qui est visible
(1676 : 68–70)

L'exemple sert à montrer le fonctionnement du relatif qui permet « faire que la proposition dans laquelle il entre, puisse faire partie du sujet ou de l'attribut d'une autre proposition » (1676 : 69). Le passage de (1) à (2) – transformation d'un adjectif apposé en une proposition incidente – se fait sans difficulté. En revanche, (3), en remplaçant le verbe *a creé* par *est le créateur de*, permet de retrouver la structure de base prônée par les Messieurs en sujet – liaison – attribut, mais il est remarquable que cette modification profonde ne fait l'objet d'aucun commentaire.

Ces réécritures se trouvent aussi pour le latin. À la suite de ce passage, on trouve par exemple :

Urbs Roma / Urbs quae dicitur Roma
Deus sanctus / Deus qui est sanctus
Canis currens / Canis qui currit (1676 : 70)

6.2. Exemples traduits, bi- ou multilingues

Parmi les exemples les plus intéressants, figurent les exemples conjoints, tirés à la fois du français et du latin, que ce bilinguisme corresponde à une simple traduction ou – tel est plus souvent le cas – à la volonté de mettre en correspondance deux fonctionnements, similaires ou différents.

Il y a un nombre considérable d'exemples donnés en binômes (français/latin), l'un étant la traduction de l'autre. Nous en avons relevé près de 90.

La fonction de ces doublets varie :
– ils servent à illustrer à la fois les deux langues : *Constantinopolitanorum*[4] est donné à côté de *misericordieusement* (pour donner dans chaque langue un exemple de mot long, 1676 : 16) ;
– ils servent à montrer les différences entre les deux langues : alors que le latin forme facilement des dérivés de noms de substance (*ferreus, aureus, bovinus, vitulinus, &c.*), le français, comme l'hébreu et « les autres Langues vulgaires », en a moins et préfère *d'or, de fer, de bœuf, &c.* (1676 : 32) ;
– ou au contraire leurs ressemblances : si, par exemple, latin et français utilisent des suffixes différents pour former le féminin des noms de métiers, ils le font selon un processus analogue : *victor, & victrix; victorieux & victorieuse; rex & regina; roy & reyne; pistor & pistrix; boulanger, & boulangere*, &c. (1676 : 41);
– le français est utilisé pour expliciter : soit ce texte grec de l'Apocalypse de Jean : Λ□γεις□τιπλο□σι□çε□μι, il est traduit en latin: *dicis quod dives sum*, puis explicité à la fois en latin et en français: « ce n'est pas à dire *quod ego qui ad te loquor dives sum*; mais *dicis hoc*, vous dites cela, sçavoir, *dives sum*, je suis riche » (1676 : 79);

---

4   Le mot se trouve dans une épigramme du pédagogue Murmellius (1515). L'exemple est particulièrement intéressant, car il est utilisé – pour sa longueur – par plusieurs auteurs de la Renaissance (G. Tory, 1529 ; les *Poetices libri septem* de J.-C. Scaliger, 1561 ; les *Bigarrures* de Tabourot des Accords, 1588). Dans son traité de grammaire (1550), L. Meigret utilise sa version française *Constantineopoliteins* (8 syllabes), dont il dérive des termes encore plus longs, dont *constantineopoliteinizacion* (12 syllabes). Cf. Demonet 2021.

– la traduction peut être éloignée (« *Miserè vivitur, cum medicè*[5] *vivitur*. La vie est miserable, lors qu'elle est trop assujettie aux regles de la Medecine », 1676 : 127) ou adaptée : passage du tutoiement latin au voussoiement français dans « non occides, vous ne tuerez point, *pour*, ne tuez point » (1676 : 115).

6.3. *Anti-exemples et métaphrases*

Les Messieurs ne répugnent pas à utiliser des « anti-exemples » (cf. Chevillard *et al.* 2007 : 26–27), c'est-à-dire des exemples de ce que la langue ne tolère pas, mais que le grammairien prend soin d'écrire, à fin d'explicitation :

> Les Rois, des Rois, pour *de les Rois* : & au datif *aux* pour *à les*, *aux Rois*, pour *à les Rois*. […] On dit *du* pour *de le*, *du Roy*, pour *de le Roy* ; *au* pour *à le*, au Roy, pour *à le Roy*. (1676 : 53)

> *de des*, & encore plus *de de* eût trop choqué l'oreille, & elle eust eu peine à souffrir qu'on eust dit: *Il est accusé de des crimes horribles*, ou, *Il est accusé de de grands crimes*. (1676 : 56)

Mais le grammairien est aussi en droit de restituer des formations non attestées pour expliciter le mécanisme de la langue, « comme quand on dit *Le Sauveur des hommes* pour *de les hommes* » (1676 : 55).

Nous reprenons à Dominicy (1979 : 51 ; cf. aussi Fournier 2007 : 93–98) le terme de *métaphrase* pour désigner ces réécritures. Le chapitre sur les verbes impersonnels (II, 19) est riche de telles formules : pour expliciter *il pleut, pluit, il neige, ningit* : « comme qui diroit, *il pluie est, il nege se fait*, pour *id quod dicitur pluvia est* ; *id quod vocatur nix sit*, &c. » (1676 : 129). Un cas intéressant est celui-ci car la métaphrase dépasse le cadre du français et du latin, en s'étendant à l'italien ou à des variantes dialectales :

---

5   *Medice* n'est pas un terme du latin classique, mais se trouve, selon R. Hoven (1994 : 216), chez Érasme au sens de « à la manière d'un médecin » et de « en respectant les prescriptions du médecin ».

Cela se voit mieux dans les façons de parler où nous joignons un verbe avec nostre *il*, comme *il fait chaud, il est tard, il est six heures, il est jour*, &c. Car c'est ce qu'on pourroit dire en Italien, *il caldo fà*, quoy que dans l'usage on dise simplement *fà caldo*; *aestus* ou *calor est*, ou *fit*, ou *existit*. Et partant *il fait chaud*, c'est à dire *il chaud (il caldo)* ou *le chaud se fait*, pour dire *existit, est*, de mesme qu'on dit encore *il se fait tard, si fà tarde*, c'est à dire *il tarde* (le tard ou le soir) *se fait*. Ou comme on dit en quelques Provinces, *il s'en va tard*, pour *il tarde, le tard* s'en va venir, c'est à dire la nuit approche. Et de mesme *il est jour*, c'est à dire, *il jour*, (ou le jour) *est*. *Il est six heures* ; c'est à dire *il temps, six heures est*, le temps, ou la partie du jour appellée six heures est. (1676 : 129)

7. La portée sociale des exemples

Les exemples forgés sont, on l'a dit, beaucoup plus nombreux que les citations littéraires. Ils sont assez souvent empruntés à un contexte religieux (cf. *infra*), mais ce n'est pas toujours le cas. Le contexte politique est bien présent, avec quarante-cinq occurrences des termes *Roy, Rois*, et trois citations explicites de *Loüis XIV / Loüis quatorzieme*. Le pouvoir ou l'autorité du Roy est souvent affirmée : *les Rois ne dépendent point de leurs sujets, Les Rois ont fondé les principales Abbayes de France, Est-il ville dans le Royaume qui soit plus obeïssante ?* Mais il s'étend à un contexte militaire (*Les soldats avec leurs Officiers, Les soldats sans leurs Officiers, Compagnie de cent soldats, outre les Officiers, Soldats revoltez contre leurs Officiers, Soldats retranchez du regiment, Rendre un prisonnier pour un autre*, 1676 : 89).

Plus étonnante, surtout quand on connaît l'austérité janséniste, l'évocation plus riante de cette maison de campagne, qui donne lieu à deux formulations, dont la première est refusée car l'utilisation des pronoms diffère selon qu'ils désignent des êtres animés ou des objets inanimés :

Ainsi l'on dit fort bien d'une maison de campagne ; *Elle est belle, je la rendray belle* : mais c'est mal parler que de dire ; *Je luy ay adjoûté un pavillon : Je ne puis vivre sans elle : C'est pour l'amour d'elle que je quitte souvent la ville : Sa situation me plaist*. Pour bien parler il faut dire. *J'y ay adjoûté un pavillon* : *Je ne puis vivre sans cela*, ou *sans le divertissement que j'y prens* : *Elle est cause que je quitte souvent la ville* : *La situation m'en plaist.* (1676 : 63)

En fait, les exemples empruntés à une réalité triviale ne manquent pas (*un cheval a rompu sa bride, a mangé son avoine*, 1676 : 64 ; *Une sorte de bois qui est fort dur*, 1676 : 80 et 85 ; *une sorte de fruit qui est meur en hyver*, 1676 : 85).

8. La portée morale : exemples tirés de textes sacrés ou édifiants

Les exemples religieux viennent naturellement à l'esprit d'un théologien et d'un prédicateur, comme l'était Arnauld, auteur d'un *Art de prêcher*. Mais c'est une longue tradition : on trouve la même chose dans l'ouvrage de Jean Garnier, qui était également prédicateur. Les exemples de la *Logique* sont également construits autour des formulaires que devaient signer les religieuses de Port-Royal. Les exemples de la *GGR* sont sans doute plus généraux, moins politiques. Mais on y retrouve une ambiance religieuse et morale.

Dieu est présent partout :

> Dieu dont nul de nos maux n'a les graces bornées ; Dieu est bon ; Dieu est infini ; Dieu est vostre throsne ; Dieu invisible a creé le monde visible ; Dieu m'écoute ; Dieu par qui le monde a esté creé ; Dieu que j'aime ; Dieu qui est invisible, est le createur du monde qui est visible ; Dieu qui est saint ; Dieu qui est invisible a creé le monde qui est visible

Il est suppléé par *le Seigneur*, en français comme en latin, comme en atteste cette illustration du nominatif : *Dominus regit me, le Seigneur me conduit* : *Deus exaudit me, Dieu m'écoute* (1676 : 44 ; cf. aussi *Le Seigneur est mon espérance, le Seigneur me conduit, Seigneur qui voyez ma misère, assistez-moi, Seigneur vous estes mon espérance, Domine Deus meus, Dominus regit me*), par le Ciel (*Ciel qui connaissez mes maux*) ; il est représenté par le Christ (*Toute ma confiance est en IESUS-CHRIST qui m'a racheté, Le Sauveur des hommes*) ; c'est aussi par la lecture de l'*Ecriture* (6 occurrences) qu'on peut se former moralement.

Les exemples faisant référence à l'état moral des hommes ne manquent pas : *Il a esté puny pour ses crimes, Il est accablé de maux qui luy font perdre patience, *Il est accusé de de grands crimes, *Il est accusé de des crimes horribles, Il est coupable de crimes qui meritent chastiment, Il est chargé de dettes qui vont au delà de son bien.*

De même, et à l'inverse, on trouve des exemples de faits édifiants – mais laïcs – tirés de l'histoire romaine, tels que les glorieux suicides de Caton d'Utique refusant la défaite des républicains, de Lucrèce, déshonorée par Sextus, et des Sagontins refusant de se rendre à Hannibal :

> *Caton s'est tué soy-mesme; Lucrece s'est tuée soy-mesme; Les Saguntins se sont tuez eux-mesmes.* (1676: 146)

9. Conclusion : quelle est l'utilité de l'enquête ?

On a tâché de répertorier les catégories d'exemple et de les examiner sous leurs différents aspects : technique (leur fonctionnement), idéologique (portée morale). En aucun cas, ils ne permettent de rendre compte de la diversité linguistique. Tel n'est d'ailleurs pas leur but. Ils sont là pour illustrer des structures ou expliquer des mécanismes, lesquels sont sans doute – au moins partiellement – transposables d'une langue à l'autre, même si ce fait est peu mis en avant.

Néanmoins examiner leur mécanisme permet de comprendre mieux leur rôle et leur fonction inter-linguistique. Une langue (le français) s'explique par l'autre (le latin), mais parfois ce jeu bipartite est dépassé. Le grec, voire l'hébreu, à un moindre degré, les vernaculaires autres que le français, viennent apporter leur pierre à l'édifice.

Les exemples permettent aussi de mesurer un héritage (celui du monde antique, qui déborde celui de la grammaire latine), de prendre conscience des préoccupations – politiques ou morales – des auteurs. En cela leur étude n'est peut-être pas entièrement vaine.

Annexe. Les références des citations littéraires dans la *GGR* (1676)

Grec
Apocalypse de Jean, 3, 17	79
Paul, saint, *Ep. aux Hébreux*, 1, 8	45
Paul, saint, *Ep. aux Romains*, 8, 37	47
Pierre, saint, I. *Petr.* 2, 24	73

Latin
Cicéron, *Att.* 1, 9, 1	159
Cicéron, *2 Ver.* 2, 4, 37 (d'après –)	75-76
Cicéron, *2 Ver.* 5, 72	78
Jean, saint, 1, 19–21	119
Ovide, *Héroïdes*, 1, 88 et 12, 143	159
Paul, saint, 1 *Cor.* 7, 39	91
Paul, saint, 1 *Cor.* 12, 3	90
Paul, saint, 1 *Cor.* 16, 14	91
Paul, saint, *Rom.* 8, 38	47
Plaute, *Trinummus*, 1022–1023	74
Pline l'Ancien, 8, 212	131
Pline le Jeune, *Pan.* 1–2	77
Térence, *Adelphes*, 133–134	114
Térence, *Andrienne*, 29	159
Térence, *Andrienne*, 607	159
Tite-Live, 1, 56, 7	72–73
Tite-Live, 8, 37, 8	74
Virgile, *Buc.* 3, 80	34
Virgile, *Énéide*, 1, 664	45
Virgile, *Énéide*, 2, 6–8	135
Virgile, *Énéide*, 6, 222–224 (d'après –)	159
*V.T. Psal.*1, 4	73, 75

Français
Lemaistre de Sacy, *Hymne pour le Carême*, vers 1	140

Bibliographie

[Arnauld, A., C. Lancelot], (1676), *Grammaire générale et raisonnée* (Paris : Pierre Le Petit, 1660¹, 1664², 1676³). Édition avec une introduction par M. Foucault (Paris : Republications Paulet, 1969). Édition par B. Colombat et J.-M. Fournier (Paris : Classiques Garnier, DTF 7, 2023).

Chevillard, J.-L., B. Colombat, J.-M. Fournier, J.-P. Guillaume, J. Lallot, (2007), 'L'exemple dans quelques traditions grammaticales (formes, fonctionnement, types)', *Langages*, 166, 5–31.

Colombat, B., (1993), *Les figures de construction dans la syntaxe latine* (Leuven/Paris : Peeters).

Colombat, B., W. Ayres-Bennett, J.-M. Fournier, éds., (2022), *Grand Corpus des grammaires françaises, des remarques et des traités sur la langue (XIVᵉ–XVIIIᵉ siècles)*, (Paris : Classiques Garnier Numérique [on line]).

Demonet, M.-L., (2021), 'Le rythme de la prose chez Meigret. Des traductions au *Discours*', in *Actualité de Louis Meigret, humaniste et linguiste*, éd. par V. Montagne, C. Pagani-Naudet, 277–303 (Paris : Classiques Garnier).

Dominicy, M., (1979), 'Deux théories convergentes des propositions relatives : Port-Royal et Z. S. Harris', in *Linguistique en Belgique 2*, éd. par S. De Vriendt, C. Peeters, 44–64 (Bruxelles : Didier).

Fournier, J.-M., (2007), 'Constitution des faits / validation des données dans les grammaires de la tradition française', *Langages*, 166, 86–99.

Hoven, R., (1994), *Lexique de la prose latine de la Renaissance* (Leiden : Brill).

BÉRENGÈRE BOUARD

HISTOIRE DES « PARTICULES » DANS LA GRAMMAIRE FRANÇAISE, 16ᵉ-19ᵉ SIÈCLES : QUELQUES JALONS.

Abstract: The term 'particle', inherited from Latin, can be found in the earliest grammars of French, in the writings of the Academicians and authors of general grammar in the 18th and 19th centuries, as well as in contemporary linguistics. In this contribution, we will look at how it is used, what examples it covers, and whether it corresponds to a specific category, in a corpus of French grammars from the 16th to the 19th century. We will focus on the reasons for its longevity in French metalinguistic discourse in relation to the delimitations of neighbouring classes of pronouns, adverbs and interjections, and with the issues specific to each century or each grammar.

Keywords: Particle, prefix, discourse, relative, pronoun.

0. *Introduction*

Cet article s'appuie sur trois observations. Dans la tradition latine, les particules, littéralement « petites parties », désignent le plus souvent une petite partie de mot ou un petit mot, et les « traités des particules » propres au latin servent à traduire différentes « ligatures » du français (Colombat & Lahaussois 2019 : 35). Les premiers grammairiens du français héritent ainsi d'une catégorie existante qui ne fait pas partie de la liste des parties du discours mais qui est assez passe-partout. Différents historiens de la grammaire française y ont vu « la difficulté ou le refus de classer » (Colombat 2019 : 35), une « catégorie étrange » (Siouffi 1998) ou protéiforme (Hassler 2009), même s'ils reconnaissent chacun des usages bien installés de la particule dans le discours métalinguistique français.

Colombat explique ainsi qu'elle recouvre à la fois des mots non classables (ou dont on ne se préoccupe pas du classement) et des mots classables dans plusieurs catégories, et qu'elle représente à la fois une classe générique regroupant les indéclinables et une classe spécifique, indépendante des autres indéclinables. Aujourd'hui, en linguistique française, on trouve l'expression de « particules discursives » (Dostie 2007) à côté de celle de « marqueurs discursifs » (Bartkova 2017 ; Dargnat 2020 ; De Mulder 2020)[1], définie à partir de plusieurs critères, notamment l'invariabilité, l'appartenance à des classes de mots « mineures », l'indépendance prosodique, syntaxique, distributionnelle, le rôle dans l'interaction, comme « bon, bien, là, tenez, allons, en fait, tu vois »[2]. Face à ces constats : d'un côté l'héritage d'une catégorie et d'un terme aux contours flous (même si plutôt réservé aux mots indéclinables, inclassables ou polycatégorisés), et de l'autre une catégorie spécifique à dominante plutôt énonciative, nous nous sommes posé les questions suivantes : qu'est-ce qui justifie la pérennité de ce terme et quel est son statut dans le métalangage français ? Quel est son rôle dans l'économie et l'évolution du système des parties du discours en français ? Comment le glissement de l'acception morphologique vers le discursif s'est-il réalisé ? Peut-on distinguer des étapes sur la longue durée ? Nous tenterons d'apporter quelques éléments de réponse à partir d'une recherche du terme « particule » dans le *Grand Corpus des grammaires françaises, des remarques et des traités sur la langue (XIVème–XVIIème siècles)*, édité chez Garnier numérique (Ayres-Bennett & Colombat & Fournier 2011) et dans quelques grammaires françaises choisies des 18ème et 19ème siècles[3].

---

1   Dans la *Grande Grammaire historique du français*, le terme n'apparaît que pour désigner certaines « particules verbales » empoyées en ancien français, le plus souvent immédiatement postposées au verbe et de sens spatial, qui disparaissent progressivement en moyen français mais dont on a gardé certains emplois dans des locutions comme « Or sus, sus donc, sus, passer outre » (Combettes & Marchello-Nizia 2020 : 897).
2   Liste non exhaustive proposée à titre d'exemple, comportant des unités ayant des caractéristiques propres.
3   Le volet des grammaires françaises du 18ème siècle de la base Garnier numérique n'ayant pas encore été publié au moment de la communication à l'origine de cet article (2021), une recherche automatique n'a pu être réalisée.

1. Les contours des « particules » dans les premières grammaires françaises.

Les emplois du terme de « particule » dans les premières grammaires du français[4] se répartissent entre trois pôles :
- un pôle morphophonographique qui concerne le découpage des mots, leur prononciation, leur graphie,
- un pôle syntaxicoréférentiel lié aux mots subordonnants, aux adverbes et aux pronoms,
- un pôle générique.

Dans le premier cas, majoritaire, les grammairiens du 16ème siècle l'utilisent pour désigner la première partie d'un mot, comme « trans/dis/des/mes/tres/in » chez Bosquet, qui y reconnait la « première partie des termes commençans » (1586 : 167–169, 160, 134), ou encore « dé » chez Matthieu dans « lier/délier » (1560 : 33). La « particule » est clairement synonyme de préfixe ou de syllabe, voire de préposition, la frontière étant mince avec la notion de préfixe (notamment pour « dé » ou « de »). Le terme peut aussi renvoyer à des monosyllabes sans précision supplémentaire, dans des listes indifférenciées telles que « de, ie, le (…) » (Meigret) et « ce, se, te, ne (..) » (Bosquet), ou plus précisément identifiées et nommées notamment chez Bosquet qui cite aussi à propos de la prononciation du « c » « les monosillabes et particules suyvantes : bec, bouc, brac, broc, crac, flac, glic, gloc » (1586 : 38)[5], les deux configurations pouvant coexister. La « particule » sert en outre à évoquer différentes lettres muettes comme « t », « s » ou « x », ou des formes comme « çà, là », « ni » ou « si », en relation avec un commentaire sur la phonie ou la graphie, le pluriel, l'accent ou plus souvent l'apostrophe (Meigret 1550 : 10 ; Bosquet 1586 : 40, 153, 155 ; Masset 1606 : 1).

Le corpus de recherche recueilli sur les 16ème et 17ème siècles contenait déjà 625 occurrences qui ont été triées et traitées manuellement.

4   Le terme est présent chez Meigret (1550), Estienne (1557), Matthieu (1560), Bosquet (1586), Masset (1606).

5   Il s'agit pour certains de mots lexicaux pleins et autonomes, à l'inverse des préfixes et prépositions, qui sont regroupés par le grammairien sur le critère explicite de la monosyllabie (même si d'autres critères comme l'analogie phonétique peuvent entrer en ligne de compte).

Dans son deuxième emploi, détaché de la graphie et davantage axé sur la syntaxe et le fonctionnement de la référence, le terme désigne surtout les mots subordonnants : *que, quand, où, dont*, en lien avec le temps ou le mode imposé par la particule, comme pour les conjonctions sur le modèle du latin (par exemple « quand » chez Masset 1606 : 12–14), ou avec l'analyse sémanticosyntaxique (par exemple « dont » et « que » chez Meigret 1550 : 57, « combien » chez Matthieu 1560 : 7), notamment lorsqu'il faut séparer les différents emplois de « ou/où », « que », « si ». L'analyse de « que » concentre de nombreuses occurrences du terme de « particule », comme chez Meigret (1550 : 61), ainsi que celle des pronoms « en, y, le ». Ainsi, Masset consacre un chapitre à part aux « particules *en* et *y* », qu'il considère comme des « pronoms relatifs » référant à une chose déjà dite ou comme des « relatifs adverbes » (Masset 1606 : 10, 11), et un autre aux particules « *Que* et *si* devant les verbes » (op. cit. : 13, 14, 32). Bosquet s'interroge sur la référence des « neuf particules ou pronoms, mon ma, mes, ton, ta, tes, son, sa, ses » (Bosquet 1586 : 66).

Enfin, le recours à la particule dans son acception générique, sans développement d'une analyse particulière, est fréquent pour désigner un invariable inclassable, comme « bien » ou « en » formant le gérondif avec le participe présent par exemple. Le cas d'Abel Matthieu est remarquable (Julien 1988 : 71 ; Jacquetin-Gaudet : 2008) et illustre bien la malléabilité de la classe. Ce grammairien consacre un chapitre entier aux particules conçues comme une classe de mots complétant de différentes manières les « nerfs et liens d'oraison » et qui recouvre les préfixes (« je viens/je reviens ») mais aussi les déterminants, prépositions et adverbes comme « à, aux, de, là, çà, dela, deçà », ou bien « tost, tard, icy, ou, bien, mal, froidement, moins, plus, beaucoup, peu, trop », ou encore « si, veu que, combien, ia saiche »[6] etc. (Matthieu 1560 : 32–34, 7, 18). Il y voit des « liaisons gratieuses » propres au français et à l'usage.

Le terme de « particule » est donc très présent dans les premières grammaires françaises, et, sans être associés à une définition stable, les exemples qui l'illustrent se transmettent de façon assez

---

6   Comprendre « vu que », et « (que) je sache ».

homogène jusqu'à la fin du 17ème siècle. À côté de son acception morphophonographique assez ciblée, il sert de façon non technique à décrire et à interroger de nombreuses réalités morphosyntaxiques du français achoppant au transfert du cadre d'analyse du latin, notamment via les articles et les prépositions, les mots subordonnants et les pronoms dont l'analyse va être perfectionnée au 17ème siècle.

2. Les étapes au 17ème Siècle : de Maupas (1618) à l'Académie (1694).

Au 17ème siècle, les ouvrages de Maupas (1618)[7] et de Chiflet (1659)[8] marquent une étape vers une spécialisation partielle du terme. Les discussions des Académiciens vont prolonger le débat sur les contours de la catégorie alors que les Remarqueurs consolident son usage générique passe-partout.

2.1. *Les particules en relation avec les pronoms, les interjections et les adverbes dans les grammaires françaises au 17ème siècle.*

Les trois pôles d'emploi de la particule sont conservés dans le discours des grammairiens mais l'invention de Maupas de « particule relative » met l'accent sur les questions syntaxicoréférentielles propres aux pronoms. La composante énonciative de certaines formes classées comme « particules » n'est pas thématisée.

2.1.1. *Le développement du pôle sémanticoréférentiel.*

Maupas conserve les trois catégories d'emploi de la particule pour désigner des monosyllabes comme « le, me, te, se, de, ne, que, le, la » (à propos de l'apostrophe) mais aussi des formes diverses qui ont en commun d'imposer un temps ou mode verbal spécifique à leur suite comme « mais, ains, ainsois, toutesfois, neant-moins, si-est-ce-que » (Maupas 1618 : 6, 177). Les pronoms « ce » dans « est-ce vous dont on parle tant ? » et « il » impersonnel sont aussi

---

7 Voir l'édition de Fournier, N. (2021).
8 Voir l'édition de Pagani-Naudet (2021).

concernés (op. cit. : 71, 124, 133). Enfin, l'article partitif est appelé « particule partitive » et l'article indéfini est appelé occasionnellement « particule d'unité en sens indéfini » (op. cit. : 24, 29, 50). Mais il invente aussi l'expression de « particule relative » entendue comme une particule « qui rapporte au sens, quelque mot ou sentence precedent » (op. cit. : 30). Cette notion renvoie essentiellement aux pronoms personnels « la, les », bien distingués des articles, dans « suyvons-la, apprenez-les » et à « y » et « en » : « Y, est particule relative approchant de la nature du cas datif, laquelle rapporte ou le lieu, ou la chose dont a esté faite preallable mention. » (op. cit. : 30). Il donne des exemples d'anaphores pronominales : « Va au marché : Bien, i'y vay. I'y iray tantost. Ton Maistre est-il au logis ? ouy il y est, ou il n'y est pas. » (op. cit. : 77, 133), « Ie m'y en retourne » (op. cit. : 78). Cette expression de « particule relative » se transmet pour désigner les pronoms personnels de reprise comme « le », « y » et « en », chez Oudin (1640), Macé (1651), Chiflet (1659), Mauger (1684), Dangeau (1694), La Touche (1696) et Regnier-Desmarais (1705).

Chiflet maintient les autres emplois du terme de « particule » tout en renforçant l'équivalence entre particule et conjonction : « la conjonction est une particule qui sert à conjoindre et lier les parties du langage en leur sens. Comme celles-cy : et, ou, de plus, encore que, mais, toutefois, enfin, parce que, veu que, bien que etc. » (Chiflet 1659 : 6). Par ailleurs, il développe une analyse assez complète des emplois de « que, particule » (« Qui », « dont », « où » étant pronoms relatifs), à l'aide de différents exemples : partie d'une locution conjonctive (« lors que vous viendrez », « avant que », 106), conjonction pure (« je sçay bien que vous l'aimez », « il est temps que vous me secouriez », 51), négation restrictive (« je ne veux que vos bonnes graces », 114), de reprise (« parce que ie vous aime & que je ressents vos disgraces », 128).

En revanche, la *Grammaire Générale et Raisonnée* de Port-Royal (1660) ne retient pas l'invention de Maupas (ni les grammaires d'Irson et de Vairaisse d'Allais). Le terme de « particule » y est essentiellement utilisé pour désigner les articles et prépositions et faire le parallèle entre les cas de la déclinaison du latin et l'usage des déterminants ou prépositions devant le nom en français :

« Remarquez qu'on adjoûte *à*, qui est la particule du datif, pour en faire le datif de cet article, tant au singulier, à vn, qu'au plurier, à *des*. Et qu'on adjoûte aussi *de*, qui est la particule du genitif, pour en faire le genitif du singulier, sçavoir *d'vn*. » (Arnauld & Lancelot 1660 : 54). Et il conserve son usage générique en relation avec des exemples variés notamment « que » issu du « quod » latin (op. cit. : 78), « en » (op. cit. : 86), « si » (op. cit. : 118), « non » (op. cit. : 151).

En somme, en un siècle, les particules ont connu une spécialisation dans leur second emploi syntaxicoréférentiel pour désigner les pronoms personnels anaphoriques (au moyen de l'invention de « particule relative ») et les formes pronominales difficiles à analyser comme « on » ou « il » impersonnel, en parallèle de l'organisation de la classe des pronoms (Bouard 2019). Dans le même temps, le terme de particule sert à discriminer les divers emplois de « Que » et des mots subordonnants (Oudin parle de « particule conjonctive » et Irson de « particule corrélative ») alors que le rôle et la répartition des conjonctions (Colombat & Raby 2019) et des adverbes (Odoul 2019) se clarifient. Ce faisant, les emplois premiers, morphophonographiques ou génériques, demeurent pour désigner préfixes et monosyllabes invariables, voire articles et prépositions (dans une moindre mesure). Il en résulte une explosion des emplois du terme de « particule ». Comme on le voit dans le tableau de synthèse ci-dessous (tableau 1)[9], les usages se cumulent et la catégorie enfle.

---

9   Les tableaux présentés dans cet article ne sont pas exhaustifs.

Tableau 1.
Les emplois du terme de « particule » dans les grammaires françaises, 1640-1696.

	Préfixe Suffixe Syllabe	Monosyllabes invariables	Prépositions Marques de cas	Article	Pronom	Mot subordonnant
Oudin 1640	Particules privatives des- mes- Suffixe- our	Que, Se, ce/ cecy/cela, Ou, avec, comme, non/ny/ne, pas, rien, moins, de, point, pour, fois, bien/si bien, fort	Pour Pourveu	De, un	Particule ou pronom Il impersonnel On impersonnel passif Se réciproque	Qui Que Si particule conditionnelle ou conjonctive
Macé 1651		Particule séparative ou disjonctive : mais, ou Ny, de, point Si particule conditionnelle			Le Y	
Chiflet 1659		Plus, très +adjectif Particule négative : Ne ni point rien plus jamais		Articles amalgamés au	On impersonnel passif	Que
Arnauld et Lancelot 1660		Non, ne	De particule de génitif A datif	Particule de partition : De ou des	En	Que
Irson 1662	De- pré-	Si particule conditionnelle Pas, se		Un		Que Particule françoyse corrélative : De ce que

Vairasse d'Allais 1681	Suffixe -ment	Si particule conditionnelle			il impersonnel On	Que Dont
La Touche 1696	Des-		De	Un	Il On	Que

Face à l'ensemble de ces formes, mais aussi à la créativité terminologique autour du terme de « particule » que l'on observe dans le métalangage grammatical (*particule relative/conjonctive/ corrélative/privative/séparative/conditionnelle*), et en réponse à notre questionnement initial sur les « particules discursives » ou « marqueurs discursifs », on peut se demander quelle est la place de la composante énonciative dans ces descriptions grammaticales.

2.1.2. La place de la composante énonciative.

A priori, dans les grammaires françaises du 17ème siècle, on ne trouve pas de développement de type discursif ou énonciatif directement associé à ce qui serait appelé « particule »[10]. En revanche, au sein des sous-classes sémantiques caractérisant les interjections ou les adverbes (les deux catégories étant poreuses, Fournier & Raby : 2003), le terme apparaît régulièrement et nous avons des exemples de particules discursives exprimant différentes modalités ou différents affects comme nous le voyons dans les deux tableaux suivants (tableaux 2 et 3)[11]. Ainsi, certaines interjections expriment l'« exhortation », comme « allons », « allez », « va » (première colonne du tableau 2), tandis que d'autres formes comme « vois » et « voyez » sont rangées au sein des adverbes de « démonstration » (tableau 3)[12]. La forme « da » est reconnue comme un particule intensive et il y a débat sur la nature de la particule « sus »,

---

10 Même si certaines formes du tableau 1 peuvent être employées comme marqueurs discursifs (« bien ») elles ne sont pas thématisées comme telles par les grammairiens.
11 Les catégories sémantiques sont nombreuses (interjections de tristesse, de joie, de douleur etc.) et varient selon les grammairiens, nous n'en reproduisons que quelques-unes intéressantes pour notre propos.
12 Certaines de ces formes peuvent donner lieu à des remarques sur la variation régionale.

interjection ou adverbe, jusqu'aux observations de l'Académie sur les Remarques de Vaugelas (1704). Le mot « bien » apparaît dans les adverbes d'« affirmation » chez Maupas avec un rôle discursif très clair, mais dans les interjections « de louange » chez Vairasse D'Allais, Oudin, et Regnier-Desmarais parfois sous la forme « bien bien » (dont la répétition indique la compositionnalité semblable à celle des marqueurs discursifs qui se cumulent comme dans « bon bien en fait »[13]).

Enfin, une même forme peut être classée dans plusieurs catégories, comme l'affirme Irson : « une mesme Particule peut receuoir diuers noms ; à cause de ses diuers usages ; que celle qui est *Aduerbe* en vn lieu, pour receuoir le nom de *Preposition* en vn autre, suiuant la force de la signification » (Irson 1662 : 81). On retrouve ainsi des exemples communs aux interjections et aux adverbes chez Oudin ou Maupas, pour qui l'interjection est un type d'adverbe.

---

13 On peut se reporter au projet de l'A.N.R. coordonné par Mathilde Dargnat et intitulé « Compositionnalité et marqueurs discursifs-CODIM » (https://anr.fr/Projet-ANR-22-CE38-0002).

Tableau 2.
Quelques sous-classes sémantico-énonciatives parmi la catégorie des interjections au sein des grammaires françaises, 1618–1705.

	D'exhortation	D'appeler	De dechassement	Imposant Silence	D'arrest ou suffisance	Intensive
MAUPAS 1618 : 179-180 De l'interjection qui est espèce d'adverbe	Sus ! Orsus ! Avant ! Or-avant, Haï, haï avant, Courage, Poussez, Boute, ça ça.	Hé, hau, hau-là, haulà hé, Chouse, hochouse.	Gare, haï, haïd'icy, haï-delà, hor-d'icy, hor delà, Apres, Devant.	St ! Paix, Paix-là, Cheut, mot, jouc, Tout coy.	Holà, Prou, Assez, Demeure, Arreste.	Da oui-dà « enclitique intensive »
OUDIN 1640 : 314-315 De l'interjection	Auant, boute, ça ça, courage, haï, hai auant, or auant, or sus, sus. (formes communes aux adverbes)	Chose, ho chose, qui font tout à fait vulgaires : hei, hau, hau la, haula hei. (formes communes aux adverbes)	Gare, gard' l'eau, gard' latefte, gard' le corps : hai, hai d'icy, qui sont vulgaires : hors d'icy, hors de la. De louer Bien, bien bien, que voilà bien.			
VAIRASSE D'ALLAIS 1681 : 418-420	Ca ça, courage, allons, marche, susdonc	Hola, hô, hei. Hola hei. Parlez hei. Hola ho, mon ami, parlez donc.	De louange ou d'approbation Voila qui est bien. Voila qui va bien. C'est bien fait. Bien bien. Tant mieux.	De silence Chut. St. Paix là, qu'on se taise. Silence, tout beau	D'avertissement Gare, prenez garde, arrêtez.	

DAN-GEAU 1694 : 237	*Va*, est une particule que les Angevins ajoutent aux impératifs pour exhorter plus fortement ; *allez, va.*					*Dea, da, ouida* particule qu'on mettoit quelquefois à la fin de plusieurs mots, & et qu'on a gardée seulement dans ce mot, *ouida*
REGNIER-DESMARAIS 1705 : I, 564-568	D'exhortation Ainsi pour exhorter & et pour encourager quelqu'un on dit, *çà, courage, allons, gay.*	Pour appeler *Hola, hola ho, hola he, hem*	D'approbation ou d'étonnement O, bon, bien	Imposant silence *Chut, ſt, paix, ſilence, tout beau*		*Ouida* : Adverbe familier

Tableau 3.
Quelques sous-classes sémantico-énonciatives parmi la catégorie des adverbes au sein des grammaires françaises.

MAUPAS 1618 : 160-169 De l'adverbe			D'affirmation *Si, ouy, Bien, ouy-dà, voire, voirement, ouy bien (...)* Que si le propos est imperatif, ou contenant priér nous y acquiesçons en disant *Bien. Venez avec moy. Bien. Ie vous prie m'attendre un peu. Bien. Un tel mande que vous luy escriviez. Bien.*	De demonstration *Aga, voy* Pour moy, ie ne sçay s'il vient du Grec comme on suppose : Mais ie reconnoy bien qu'il sourd de mesme racine que le terme du Languedoc *Agacha*, qui signifie Voir, Regarder, aussi en nostre vulgaire *Aga*, ne signifie autre chose que *Voy, Regarde.* Les autres termes cy dessus mis, s'adressent à une ou plusieurs personnes indifferemment, *Voy-cy, voy-la, voyez, &c. me voy-cy, les voy-là, &c.*
CHIFLET 1659 : 109 Des adverbes	*Cà*, se joint à l'impératif du Verbe Venir ; *Venez ça.* Quelquefois il signifie *Donnez* : comme quand on dit, *çà de l'argent.* C'est aussi vne Interjection propre à exhorter : comme *çà commençons brauement : ça parlons de nos affaires.* *Sus* il sert à exhorter. *Sus ; Sus donc ; Or sus.*			

En somme, à la fin du 17ème siècle, dans les grammaires françaises, l'extension de la classe des particules n'est pas fixée. Les positions divergent sur ses limites, y compris celles des Académiciens et des Remarqueurs.

2.2. La définition de l'Académie et de Dangeau à la fin du 17ème siècle.

Le dictionnaire de l'Académie propose en 1694 une définition assez sommaire des particules centrée sur l'invariabilité :

> Une Partie d'Oraison indeclinable, comme sont les conjonctions, les interjections, &c. Si, quand, que. Particule conjonctive, adversative, &c. Ce sont des particules. Ce qu'il y a de plus difficile en chaque langue, c'est la connoissance, & l'usage des particules.

On y retrouve des conjonctions et interjections, mais aussi des prépositions et préfixes, leur point commun étant l'invariabilité. À partir de 1718 (deuxième édition), la mention « d'une syllabe » est ajoutée à la définition originelle et elle est conservée dans les deux éditions suivantes du dictionnaire de l'Académie (troisième édition en 1740 et quatrième édition en 1762).

Dans ses *Essais de grammaire*, l'abbé de Dangeau reproduit cette définition tout en y appliquant le principe de polycatégorisation déjà évoqué par Irson selon lequel ces « divers petits mots » « se peuvent ranger sous diverses parties d'oraison » (Dangeau 1754 [1694] : 231–241). Il en résulte un élargissement maximal de la classe. L'Académicien y intègre toutes les formes déjà répertoriées comme particules en plus des mots que l'on ne sait pas classer, tout en y maintenant les préfixes (« particules inséparables »). Il s'exprime en outre clairement pour faire des particules une « dixième partie d'oraison » à part, autonomisant ainsi la classe. Les exemples sont nombreux tout au long du chapitre qui y est consacré : « que » pronom/conjonction, « après » préposition/adverbe, « ne », « pas, « du » (analysé comme « de le »), « en » et « y » considérés comme « particules relatives » (exemples : *j'y dois aller demain = je dois aller en ce lieu-là, pensez-y = pensez à cela)*, « dont » (analysé comme « de quoi, de qui »), « ci » et « là » dans « cet homme-ci, cette maison-là », « va », « dea » ou « da » (dans « ouida »),

« mais » dans « il n'en peut mais », les « particules latines » « -que » (= « et ») ou grecques « té » (considérées comme « enclytiques »), les préfixes français *re- de- des- mes- in-*. On trouve aussi l'adjectif « particulé » pour « lui » (qui est un « régime particulé ») ou pour les articles contractés (« du, de le, de la »), les deux paradigmes ayant en commun la présence d'une préposition.

2.3. *Les usages chez les Remarqueurs.*

Sous la plume des Remarqueurs, le terme de « particule » est très présent et a globalement les mêmes usages que dans les descriptions non spécifiques des grammairiens. Il sert à désigner des monosyllabes invariables comme les prépositions « de », « en » appelé « adverbe relatif », « avec », « par », « sur », « si » appelé « particule conditionnelle », « y », « dedans », « pas », « plus », « point », « là », « ni » « ne », « mais », « ou », « ce », mais aussi « Que », « qui », « dont », le pronom « on » ainsi que des adverbes comme « fort, bien, très » ou encore plus rarement les articles (Vaugelas 1647 : 117, 161,190, 610-615, 487–488, 479, 529, 532, 421). Le sens de préfixe ou équivalent est également conservé (on trouve mention de « in - », « de/dis- », « re- », « pro »« super », « inter »). Les emplois spécifiques autour du pronom personnel représentant et de « Que » faits par Maupas ou Chiflet ne sont pas répercutés dans le discours des Remarqueurs.

Ce que l'on observe dans l'ensemble de ces discours métalinguistiques (grammaires françaises, définitions de l'Académie, Remarques sur la langue française) sur la particule au 17ème siècle, c'est que les descripteurs du français utilisent le terme de « particule », extrêmement passe-partout, non technique s'il n'est pas caractérisé par un adjectif comme « relatif » ou « conjonctif », associé à différents items assez stables depuis le 16ème siècle, pour combler certains manques descriptifs ou terminologiques, selon une extension plus ou moins large, révélant ainsi les difficultés d'analyse des formes françaises polycatégorisées. Le milieu du 18ème siècle va constituer un tournant à plusieurs égards.

3. Le tournant du milieu du 18ème siècle.

Au 18ème siècle, on observe deux positions en apparence opposées vis à vis des particules : Girard autonomise la classe et la recentre sur sa valeur énonciative, alors que Beauzée refuse l'autonomie de la classe. Elles ont toutefois en commun de défendre et d'installer le principe de monocatégorisation dans la caractérisation des classes de mots dans la grammaire française.

3.1. L'autonomisation de la classe par Girard et le primat de l'énonciation (1747 II : 312–317).

Girard fait des particules la dixième partie du discours, après l'article, le nom, le pronom, l'adjectif, le verbe, l'adverbe, les nombres, les prépositions et les conjonctions. Suivant le principe de monocatégorisation, elles regroupent les mots qui n'appartiennent à aucune autre classe :

> Je déclare donc que prenant ici le mot de *particule* dans le sens qui en fait le nom distinctif d'une des parties d'oraison différentes de toutes les autres, je considère ce qu'il dénomme comme une espèce particulière qui renfermant plusieurs mots, ne doit néanmoins en comprendre aucun de ceux qui apartiennent à l'une des neuf précédentes.

Elles correspondent à un ajout facultatif, exprimant un affect, et regroupent :

> tous les mots dont l'emploi modificatif consiste à énoncer une affection dans la personne qui parle. De façon que ces mots, images de mouvements intérieurs, se présentent comme des accompagnements, ou, s'il m'est permis de me servir de cette figure, comme des assaisonnements du discours, par le moyen desquels on ajoute à la peinture de la pensée celle de la situation, soit de l'âme qui sent, soit de l'esprit qui peint.

Les particules sont classées selon deux niveaux principaux comme on le voit dans le tableau ci-dessous (tableau 4), les *interjectives* d'un côté et les *discursives* de l'autre, puis réparties en sous-classes inférieures prenant en compte les modalités exprimées. On observe que les particules « interjectives » recouvrent les modalités d'énonciation et les particules « discursives » une série de marques assertives, exclamatives, ou déictiques, notamment.

Tableau 4.
Les « particules discursives » chez Girard (1747)

Interjectives (de *sensibilité*)	Discursives (*à tournures de discours*)
-exclamatives (*ah, aih, hélas, quoi, dame, ouf...*) -acclamatives (*bon, fi, bis, amen...*) -imprécatives (*jarni, mardi, morbleu, diable, peste, dadedis...*)	-assertives (*certes, oui, non, ne, pas, point, peut-être, voire...*) -admonitives (*courage, alerte, gare, chut, hu...*) -imitatives (*bêê, cric, cras, tic, tac...*) -exihibitives (*ci, voici, voilà*) -explétives (*ça, dà, bien, sus...*) -précursives (*de, que*) « avant-coureurs destinés à préparer l'esprit à la tournure d'idée dans laquelle on veut qu'il prenne ce qui suit » *il y a de l'éloquent dans ce discours ; que cette princesse est bonne*

Girard fait prendre à la classe des particules un véritable tournant énonciatif,[14] car c'est leur rôle dans le discours qui devient le critère définitoire de la catégorie. Les pronoms, déterminants, prépositions, et mots subordonnants ne font plus partie de la classe des particules.

Cependant, Beauzée, dans l'article « particule » de l'Encyclopédie comme dans sa *Grammaire Générale* (1767), s'oppose à Girard et à Dangeau.

3.2. *Le refus de la classe des particules et l'affirmation de la monocatégorisation par Beauzée (1765).*

Beauzée s'oppose à Girard et à Dangeau. Il est contre l'existence et l'autonomie de la classe des particules dans le système des parties

---

14 Cette position va de pair avec une redéfinition de la phrase et des types de phrase centrée sur l'énonciation.

du discours en raison de son hétérogénéité et en vertu de son principe de monocatégorisation des formes (Auroux 1988a, 1988b) :

> il n'est plus possible d'assigner un caractère qui soit commun à tous ces mots, & qui puisse fonder la dénomination commune par laquelle on les désigne (...). Donner le nom de particule à certains petits mots, quand on ne sait sous quel genre ou partie d'oraison on les doit ranger ; c'est constater par un nom d'une signification vague, l'ignorance d'un fait que l'on laisse indécis par malhabileté ou par paresse. Il seroit & plus simple & plus sage, ou de déclarer qu'on ignore la nature de ces mots, au lieu d'en imposer par un nom qui semble exprimer une idée, ou d'en rechercher la nature par voies ouvertes à la sagacité des Grammairiens (Encyclopédie, article « particule », XII : 99-102).

Pour lui, il ne peut s'agir que de préfixes ou de morphèmes liés, qui ne signifient pas seuls et entrent nécessairement dans la formation d'autres mots :

> Un mot est une totalité de sons devenue par usage, pour ceux qui l'entendent, le signe d'une idée totale : voyez Mot : or les particules, que je consens de reconnoître sous ce nom, puisqu'il faut bien en fixer la notion par un terme propre, ne sont les signes d'aucune idée totale ; la plupart sont des syllabes qui ne deviennent significatives, qu'autant qu'elles sont jointes à d'autres mots dont elles deviennent parties (ibid.).

Les particules sont soit « prépositives ou préfixes » « parce qu'elles se mettent à la tête du mot » comme « ad, a, anti, co, dé, des, di », soit « postpositives ou affixes parce qu'elles se mettent à la fin du mot » comme « ci, là, da ». Par ailleurs, Beauzée propose aussi une redéfinition de la notion de « mot » et un tableau contenant une nouvelle typologie des classes de mots.

Les définitions de l'Académie Française qui suivent répercutent et consolident la restriction opérée par Beauzée dans l'Encyclopédie.

3.3. *La définition des particules après Beauzée.*

La cinquième édition du Dictionnaire de l'Académie (1798) mentionne le fait que la particule doit être rangée dans une autre classe :

(...) signifie en Grammaire, Une petite partie du discours, laquelle est ordinairement d'une syllabe, et doit être rappelée à une des parties d'oraison. Particule conjonctive, adversative. Si, quand, que, etc. sont des particules. Une des principales difficultés de chaque langue, c'est la connoissance et l'usage des particules.

La sixième édition et les suivantes (1835, 1878, 1935) intègrent explicitement les préfixes :

(...) se dit plus exactement de Petits mots qui ne peuvent point être employés seuls, et qui s'unissent à un radical, pour le modifier, et former un seul mot avec lui, comme très (très-bon), ex (ex-député), ci et là (celui-ci, celui-là, voici, voilà), mé ou més (médire, mésuser).

Cette orientation globale donnée par Beauzée au milieu du 18ème siècle - éviction des particules et resserrement sur la notion de « mot » - se traduit par un désintérêt pour les particules. Le débat sur la délimitation et la définition des particules semble clos, les successeurs s'en désintéressent et lorsque le terme apparaît dans les grammaires françaises du 18ème siècle il conserve son emploi passe-partout non spécifique comme chez Wailly où il désigne « de » article, « que », « oui » (particule affirmative), « plus », ou est synonyme d'interjection (Wailly 1754 : 2, 7, 114, 301)[15]. On observe toutefois un renouvellement des systèmes de classification des mots au sein des ouvrages prolongeant la grammaire générale au 19ème siècle.

4. *Le désintérêt pour la particule et le renouvellement des classements des parties du discours dans la grammaire générale française, du milieu du 18ème siècle au milieu du 19ème siècle.*

Les auteurs de grammaires générales de la fin du 18ème siècle et du 19ème siècle en France vont débattre du nombre des parties du discours, de la nécessité ou pas d'une classe des invariables (sur le

---

15 Il conviendrait toutefois d'approfondir la recherche dans toutes les grammaires françaises du 18ème siècle.

modèle ancien de Sanctius ou Ramus) comme Court de Gebelin[16], qui définit la particule avant-tout comme un invariable :

> un mot qui par lui-même ne présente d'autre idée à l'esprit que celle de petite portion ou portiuncule ; & que l'on a rejetté à cause de cela ; mais qu'on pourroit adopter néanmoins, en disant que l'on entend par-là toutes ces Parties du Discours, qui ne subissant jamais aucun changement de forme, sont contenues toutes entieres en un seul mot, très-court lui-même ; & sont dénuées par conséquent de cette variété qui distingue les autres Parties du Discours, & sur-tout le verbe, & qui les fait paroître sous mille formes plus intéressantes les unes que les autres (1774 : 44).

Les typologies des classes de mots diffèrent d'un grammairien à l'autre et la terminologie foisonne. On peut y voir plusieurs filiations.

4.1. La filiation à Port-Royal.

Certains grammairiens tentent de prolonger la *Grammaire Générale et Raisonnée* de Port-Royal (Arnauld et Lancelot : 1660) en séparant d'un côté les objets des pensées, et de l'autre les liaisons entre ces pensées, avec quelques variations, comme le montrent les tableaux 5, 6 et 7 ci-dessous.

Duclos, dans ses remarques sur la GGR, déplace l'article et la préposition dans la seconde classe, sachant que l'adverbe peut appartenir aux deux (tableau 6). Loneux conserve la bipartition entre les mots exprimant les objets des pensées et ceux exprimant les liaisons entre les pensées mais exclut les adverbes, considérés comme des « expressions abrégées » d'une préposition et d'un nom, et l'interjection est hors classement (tableau 7). Montlivault distingue deux grandes classes de mots sur le modèle de Duclos. L'interjection, n'étant ni signe d'un objet ni signe d'un rapport, est exclue, et l'adverbe est catégorisé deux fois (tableau 8). Les « particules » renvoient uniquement aux conjonctions (Montlivault 1828 : 213).

Tableau 5.
La division en classes de mots de la Grammaire Générale et Raisonnée de Port-Royal (1660 : 29-30).

« les uns signifient les objets des pensées »	noms -substantifs et adjectifs-	articles	pronoms	participes	prépositions	adverbes
« les autres la forme et la manière de nos pensées »	verbes	conjonctions	interjections			

Tableau 6.
La remarque de Duclos : déplacement de l'article, de la préposition et de l'adverbe (Arnauld & Lancelot 1676 : 48).

1ère classe	Noms substantifs et adjectifs	pronoms	participes	adverbes		
2ème classe	verbes	articles	prépositions	adverbes	conjonctions	interjections

Tableau 7.
La division en classes de mots de Loneux (1799 : 20–21, 76).

« les mots qui sont les signes des idées que nous fournissent les objets extérieurs »	substantifs (noms et pronoms)	adjectifs	participes		
« les mots qui sont les signes des différentes liaisons et combinaisons que notre esprit fait des idées que lui ont fournies les objets extérieurs »	verbes	articles	prépositions	conjonctions	

Tableau 8.
La division en classes de mots de Montlivault (1828 : 11-14, 86-87).

les signes des « objets qui sollicitent nos pensées » (les objets qui) « appartiennent toujours à la matière »	articles	noms (substantif/ Adjectif ou qualificatif)	pronoms	adverbes
les signes des « rapports de ces objets avec nous, et de ces objets entre eux » (les rapports qui) « appartiennent au mouvement »	prépositions	particules	conjonctions	adverbes

Enfin, Bernard Jullien, auteur d'une grammaire générale au début du 19ème siècle, distingue trois « genres » de mots comprenant sept « espèces » au total. L'adverbe fait partie de la classe des adjectifs et l'interjection est classée comme adverbe.

Tableau 9.
Le système tripartite de Bernard Jullien (1832 : 11-12, 23) : noms, verbes, et « ligatifs ».

Les « NOMS » ils « représentent des êtres »	Substantifs	Adjectifs - l'adverbe est « un genre de l'adjectif » (modifie le verbe ou l'adjectif) - l'article - le participe	Pronoms
les « VERBES » ils « indiquent l'existence d'une qualité dans un sujet »	verbe « abstrait » *je suis*	verbe « concret » *je cours : je suis courant*	
les « LIGATIFS » ils « expriment des rapports entre des mots ou entre des phrases »	Prépositions « À » dans « sauter à pieds joints »	Conjonctions « à » dans « il rit et il pleure à la fois »	

À côté de ces catégorisations issues de la division faite par Arnauld et Lancelot entre objets des pensées et liaisons entre les pensées, d'autres systèmes se font jour, exploitant d'autres notions pour réorganiser les classes de mots.

4.2. L'exploitation des notions de « modificatif » et d'« attributif ».

Plusieurs typologies s'appuient sur la notion de « modificatif » issue de Dangeau (1694 : 113-115) et de Buffier (1709 : 49–50, 81–82)[17] et thématisée par Domergue qui déclare « tout est substantif ou modification », « l'attribut » étant tout mot qui « modifie » un substantif ou un autre attribut (1798 : 7). On retrouve cette position chez Vanier (1818) qui sépare « substantifs » et « modificatifs », mais aussi chez Serreau et Boussi qui renomment « attributs » tous ceux qui expriment des « modifications » (1824, 9–11), ou encore chez Caillot qui parle de « substantifs »/ « modatifs/ « accessoires » (1838 : 85–87). Par ailleurs, le système de Harris qui sépare les « mots principaux » : « substantifs » et « attributifs », et les « mots accessoires » : « définitifs » et « connectifs » (1751) sert aussi de modèle, notamment à Thurot (1796) ou à Montémont, qui construit sa typologie des classes de mots sur les « substantifs », les « attributifs » et les « connectifs » (1845 : 113-116). Enfin, chez Destutt de Tracy (1803 : 22) et Lemare (1818 : 22) le terme d' « adjectifs » (à côté de celui de « substantifs ») remplace volontairement celui de « modificatifs ».

Ce que nous observons clairement dans ce corpus de grammaires générales du 19ème siècle[18], c'est que l'objectif n'est plus comme au 16ème ou au 17ème siècle de constituer des classes cohérentes face à de nouvelles formes françaises (Jullien 1988) mais de prolonger

---

17 Buffier répartit les mots en trois classes : nom, verbe, « modificatif » (adverbe, préposition, conjonction), qui ont aussi une acception fonctionnelle, les « modificatifs » étant conçus comme des expansions facultatives du nom ou du verbe, réalisant une « modification » de ceux-ci (Bouard 2008).

18 Plusieurs grammaires générales en français paraissent au 19ème siècle, sous l'effet de la réédition de celle de Beauzée en 1819 notamment, et composent un corpus restant à exploiter à différents points de vue (Bouard 2009).

la grammaire générale de la période classique (Montémont 1845 : 4), de simplifier les classes (Thurot : 1796, 39–41) et d'avoir une « dénomination logique » s'opposant au « vide de cette nomenclature » (Domergue 1784 : 38)[19], qualifiée de « chaos » et de « labyrinthe épouvantable » (Caillot 1838 : 84-85). En outre, ces systèmes de classement des mots au 19ème siècle, qu'ils soient centrés sur deux ou trois classes, qu'ils utilisent les termes de *ligatif*, *d'attributif*, d'*adjectif* ou de *modificatif*, ont en commun l'absence de la particule (sauf chez Montlivault qui utilise la particule pour désigner la conjonction). Le terme même est peu présent dans le discours métalinguistique, sauf semble-t-il dans son sens originel de « préfixe » (Landais 1856 : 123). Cependant, la recherche complète des emplois de « particule » dans les grammaires françaises savantes, d'usage ou de compilation au 19ème siècle reste à faire.

5. *Conclusion*

Globalement, jusqu'au milieu du 18ème siècle, les « particules » semblent servir de variable d'ajustement au sein du tableau hérité des huit ou neuf parties du discours, pour les formes difficiles à classer. Mais c'est aussi un terme du métalangage grammatical hérité, peu technique, assez passe-partout, qui sera progressivement délaissé au fur et à mesure du reclassement des unités problématiques dans d'autres catégories : les pronoms, les déterminants, les conjonctions, les adverbes. On pourrait dire que la particule constitue une sorte de zone-tampon pour certaines formes du français en attente d'une description morphosyntaxique spécifique. L'histoire longue de ce terme nous montre comment la polyvalence d'une frange du métalangage français a participé indirectement à la sophistication de l'analyse sémantico-référentielle des pronoms personnels anaphoriques, de « Que » et des compléments indirects, avant une période d'oubli au 19ème siècle et une récupération totale par exemple par Jespersen qui y regroupe tous les invariables (1924)

---

19   Cette volonté de régulation s'accompagne, pour les participants à la Société Grammaticale par exemple, d'une opposition à la première grammaire scolaire et d'une défense d'une réforme terminologique.

ou une remotivation partielle autour de l'expression de « particules discursives » ou de « discourses particles » dans un grand nombre de grammaires descriptives du 20ème siècle, à côté du terme de « marqueur » ou « marker ».

Bibliographie primaire (hors corpus Garnier numérique XIVe- XVIIe siècles).

Beauzée, N., (1767), *Grammaire générale ou Exposition raisonnée des éléments nécessaires du langage, pour servir de fondement à l'étude de toutes les langues,* 2 vols. (Paris : Barbou).
Beauzée, N., (1765), *L'Encyclopédie ou dictionnaire raisonné des sciences, des arts et des métiers,* article « Particule », tome XII.
Buffier, le Père C., (1709), *Grammaire françoise sur un plan nouveau* (Paris : N. le Clerc).
Caillot, N., (1838), *Grammaire générale et philosophique et critique de la langue française pour être apprise sans maître* (Paris : Thomassin et Cie).
Dangeau, abbé L. de, (1754 [1694]), *Essais de grammaire, dans Opuscules sur la langue française par divers académiciens* (Paris : Brunet [reprint : Slatkine, Genève 1969]).
Destutt comte de Tracy, A.L.C. (1817), *Eléments d'idéologie, 1ère partie Idéologie proprement dite, 2nde partie : Grammaire* (Paris : Courcier. Paris : Vrin [1970]).
Domergue, F.U., (1784–1792), 'Journal de la langue française soit exacte soit ornée', tome I (série 1 – volumes 1–6 septembre 1784–janvier 1788) tome II (série 2 – volumes 1–5 janvier 1791–mars 1792) (Genève : Slatkine Reprints. [1978]).
Domergue, F.U., (1798–1799), *Grammaire générale analytique* (Paris : impr. de C. Houel).
Girard, Abbé G., (1747), *Les vrais principes de la langue françoise ou la parole réduite en méthode, conformément aux lois de l'usage,* 2 vols. (Paris : Le Breton).
Harris, J., (1751), *Hermes ou recherches philosophiques sur la grammaire universelle,* Traduction et remarques par François Thurot, édition, introduction et notes par André Joly, (Genève–Paris : Droz [1972]).
Jullien, B., (1832), *Grammaire Générale abrégé de grammaire française* (Dieppe : Madame Veuve).
Landais, N., (1856), *Grammaire générale des grammaires françaises* (Paris : Didier).
Loneux, E., (1799), *Grammaire Générale appliquée à la langue française* (Liège : L. Bassenge).
Montémont, A.E., (1845), *Grammaire générale ou philosophie des langues présentant l'analyse de l'art de parler, considérée dans l'esprit et dans le*

discours, au moyen des usages comparés des langues hébraïques, grecque, latine, allemande, anglaise, italienne, espagnole, française et autres, 2 tomes (Paris : Moquet).
Montlivault, E.J.F. comte de, (1828), *Grammaire générale et philosophique* (Paris : A. Pihan Delaforest).
Serreau, J.E., (1798), *Grammaire raisonnée ou principes de la langue française* (Paris : Chez Richard, Caille et Ravier).
Serreau, J.E., and F.N. Boussi, (1824), *La Grammaire ramenée à ses principes naturels ou Traité de Grammaire Générale appliquée à la langue française* (Paris : Pélicier).
Sicard abbé, (1808, 1798), *Élémens de Grammaire Générale, Appliqués à la langue française*, 2 vols. (Paris : Deterville).
Thurot, F., (1796), *Hermes ou recherches philosophiques sur la grammaire universelle. Traduction et remarques par., édition, introduction et notes par André Joly*, (Genève-Paris : Droz [1972]).
Vanier, V.A., (1836), *Dictionnaire grammatical, critique et philosophique de la langue française* (Paris : L'auteur).
Vanier, V.A., Lemare, Butet, Perrier etc. (1818-1820), *Annales de grammaire par la Société Grammaticale de Paris,* tome I (Paris : Béchet).

Bibliographie secondaire

Auroux, S., (1988a), 'La grammaire générale et les fondements philosophiques des classements de mots', *Langages*, 92, 79–92.
——, (1988b), Annexe 'Les critères de définition des parties du discours', *Langages,* 92, 109-112.
Ayres-Bennett, W., B. Colombat, J.-M. Fournier, (2011), *Grand Corpus des grammaires françaises, des remarques et des traités sur la langue (XIVe-XVIIe siècles)*, (Garnier numérique).
Bartkova, K., M. Dargnat, D. Jouvet, L. Lee, (2017), 'Annotations de particules de discours en français sur une large variété de corpus', *ACor4French – Les corpus annotés du français, TALN'2017– Traitement Automatique des Langues Naturelles* (Orléans, France).
Bouard, B., (2009), 'La syntaxe dans la grammaire générale au milieu du 19ème siècle : structure de la proposition et transitivité', *Language and History*, 52(1), 3-25.
Bouard, B., (2008), 'Proposition et complément dans la grammaire française : l'histoire du modificatif, 1709-1843', in *La structure de la proposition histoire d'un métalangage, Cahiers de l'Institut de linguistique et des sciences du langage,* sous la dir. de P. Sériot et D. Samain, 25, 91-116 (Lausanne, Suisse),
Bouard, B., B. Colombat, (2019), 'Pronom', *Histoire des parties du discours*, 248–270 (Louvain : Peeters, Orbis Supplementa).
Colombat, B., A. Lahaussois, (2019), *Histoire des parties du discours*,

(Louvain : Peeters, Orbis Supplementa).
Colombat, B., V. Raby, (2019), 'Conjonction', *Histoire des parties du discours*, 419–440 (Louvain : Peeters, Orbis Supplementa).
Combettes, B., C. Marchello-Nizia, (2020), 'les particules verbales', in *Grande Grammaire Historique du Français,* éd. par C. Marchello-Nizia, B. Combettes, S. Prévost, T. Scheer, 2 vols, 893 (Berlin/Boston : De Gruyter Mouton).
Dargnat, M., (2020), 'Subjectivité et projection : le cas des particules discursives', in *Actes du 7e Congrès Mondial de Linguistique Française, Montpellier*, SHS Web of Conference 78, 12007, IDP Sciences, DOI : 10.1051/shsconf/20207812007.
De Mulder, W., (2020), 'les marqueurs discursifs', in *Grande Grammaire Historique du Français,* éd. par C. Marchello-Nizia, B. Combettes, S. Prévost, T. Scheer, 2 vols, 1637-1639 (Berlin/Boston : De Gruyter Mouton).
Dostie, G., C.D. Pusch, (2007), 'Présentation. Les marqueurs discursifs. Sens et variation', *Langue française*, 154(2), 3–12.
Fournier, J.-M, V. Raby, (2003), 'Iconicité et motivation dans les grammaires de la tradition française : le traitement de l'interjection', *Cahiers de linguistique analogique ; le mot comme signe et comme image : lieux et enjeux de l'iconicité linguistique,* 1, ABELL, 173–205 (Dijon, Université de Bourgogne).
Fournier, N., (2021), *C. Maupas Grammaire & syntaxe françoise (1607, 1618)* (Paris : Classiques Garnier, collection « Descriptions et théories de la langue française »).
Hassler, G., (2009), 'Partikel', in *Lexikon sprachtheoretischer Grundbegriffe des 17. und 18. Jahrhunderts*, hrsg. von G. Hassler, C. Neis, 2 vols. (Berlin/New York : de Gruyter).
Jacquetin-Gaudet, A., (2008), *Devis de la langue française (1559)* (Paris : Honoré Champion).
Jespersen, O., (1924), *The philosophy of Grammar* (London : Georges Allen and Uwin).
Julien, J., (1988), 'La terminologie française des parties du discours et de leurs sous-classes au XVIe siècle', *Langages,* 92, 65–78.
Odoul, M., (2019), 'Adverbe', *Histoire des parties du discours*, 365–86 (Louvain : Peeters, Orbis Supplementa).
Pagani-Naudet, C., (2021), *P. Laurent Chiflet, Essay d'une parfaite grammaire de la langue françoise (1659)* (Paris : Classiques Garnier, collection « Descriptions et théories de la langue française »).
Siouffi, G., (1998), 'Une catégorie étrange de la grammaire française au XVIIème siècle : les particules', *L'information grammaticale*, 78, 13-20.

LUCA ALFIERI

THE HISTORY OF THE NOTION OF WORD-FORMATION, THE PHILOSOPHICAL GRAMMARS AND THE "PROBLEM OF TIME" IN THE 17th AND THE 18th CENTURIES

Abstract: It is commonly assumed that between the 16th and 18th centuries, the field of language sciences comprised three main research domains: works on language origins, practical grammars, and philosophical or rational grammars. However, Alfieri (2023) has shown that between the 13th and 16th centuries, rational grammars encompassed two distinct types of works that differ significantly in their position along the axis of time and their theory of derivation. This hypothesis is further explored in the present work to demonstrate that rational grammars also comprised two different groups of works in the 17th and 18th centuries: 'proto-synchronic' grammars that exclude data on word-formation and 'proto-diachronic' grammars that extensively describe data on word-formation but interpret these data *sub specie originis linguae*.

Keywords: history of linguistics, word-formation, rational or philosophical grammars, synchrony-diachrony divide.

1. Introduction

Knowledge is scarce on the history of word-formation in premodern times (Kaltz 2004: 23). A few works on the topic have been published in recent years, but they have not fully allowed us to reconstruct the transition from the ancient notion of *derivatio*-etymology to the modern notion of word-formation in all its details.[1] Clearly, several factors contribute to this knowledge gap. However,

---

1 See number 14(1) of *Beiträge zur Geschichte der Sprachwissenschaft* (2004 = Forsgren & Kaltz 2004), Kaltz (2004, 2008), Kaltz & Leclerq (2015), Kastovsky (2006), Lindner (2015) and Buzássyová (2019).

one contributing factor can be the limited attention given to what can be labelled as 'the problem of time' – specifically, the challenging task of situating word-formation phenomena along the axis of time (Alfieri 2023).

In essence, the problem can be summarised as follows. Currently, empirical data on word-formation is categorised into two distinct sets. Complex words produced by speakers via productive rules are described within the sections dedicated to word-formation in synchronic grammars: Engl. *realise* → *realisation*. Complex words that cannot be the output of productive rules are stored in the lexicon; their study, therefore, concerns etymology and historical linguistics (i.e., diachrony), though not descriptive grammar: Engl. *depth* < O.Engl. **dīepþ*. Consequently, derivation is a twofold notion at present: synchronic derivation (or word-formation) and diachronic derivation (or etymology). However, a similar difference is recent: Greek and Roman scholars had a unified concept of derivation (Gk. παραγωγή, Lat. *derivatio*). This encompassing notion can be considered 'panchronic', 'glottogonic' or 'diachronic-ontogenetic', since it included everything from the initial creation of words attributed to the mythical Nomothete (Gk. πρώτη θέσις ⏺νομάτων, Lat. *prima positio nominum*), to the study of complex word-forms stored in the Greek or Latin lexicon, to the innovative word coinage by poets, who were believed to possess the same 'generative' power as the original Nomothete. Therefore, the history of word-formation can be seen as the story of the gradual separation of synchronic-empirical data on word-formation in proper sense from diachronic-empirical data on etymology, and the subsequent division of both types of empirical data from philosophical theories concerning language origin. Surprisingly, there has been a lack of analytical discussion on this topic in existing literature.

A possible consequence of this gap is found in the vulgate interpretation of philosophical grammars in the 17th and 18th centuries. It has been widely agreed, at least since Jellinek (1913) and Padley (1976), that the overall structure of linguistic knowledge in pre-modern times encompassed three main research areas: practical grammars, studies on language origin, and philosophical or rational grammars. In last years, some scholars have refined this common view by highlighting a distinct German tradition of grammaticography that exhibits special characteristics compared to both philosophical and practical grammars (Moulin-Frankhänel 2000, Gardt 1994, 1999); and others have linked these characteristics to Schottel's works (1641, 1663) and, particularly, his theories of *Wortbildung* and *Wurzelwörter* (Faust 1981, Güzlaff 1989a/b, McLelland 2010, 2011). However, the notion of a threefold knowledge structure in pre-modern times and the apparently unitary nature of philosophical grammars remain the vulgate and are accepted in nearly all manuals.

The objective of this paper is to argue for a critical reassessment of this conventional viewpoint. If word-formation theory is focused on, two types of philosophical grammars can be distinguished, which are strongly different both in their treatment of word-formation and their position on the axis of time.

2. *Historical background*

The Graeco-Roman's 'panchronic' concept of *derivatio*-παραγωγή led to a distinctive treatment of word-formation data (see Vaahtera 1994 and Alfieri 2023: 29–99 with further literature). Basically, these data are covered in three research fields: literary works on poetic and rhetoric (e.g., Cicero's *De oratore* and Quintilian's *Institutio oratoria*); etymological works (e.g., Varro's *De lingua latina*); and descriptive grammars. The data on word-formation are described from a slightly different perspective in each of the fields above; however, they do not hold a central position in any of them, although the grammarians – and, especially, Priscian – describe them more systematically than any other source.

More specifically, rhetoricians engage in discussions about the creation of new words, drawing upon Aristotle's notions of *simplicia* (Gk. ☐πλ☐), *derivata* (Gk. παρώνυμα or παράγωγα), and *composita* (Gk. (συν)πεπλεγμένα or συνθέτα); however, their discussion focuses on word creation and the actual types of *simplicia*, *derivata* and *composita nomina* that are present in the Latin lexicon are not discussed widely. Etymologists and, to some extent, lexicographers analyse the formation of words but, barring Varro (Alfieri 2022), they are more interested in remote etymology than in the study of complex words. Grammarians do not describe the process of word-formation as such, which concerns etymology and the language origin, but they can describe the forms of the words stored in the lexicon in the sections on *species* (Gk. εἴδη) and *figurae nominum* (Gk. σχήματα ὀνομάτων). However, barring Priscian who describes derived words amply (Alfieri 2021), this topic is addressed briefly in Roman grammars and can also be totally absent from the simplest *regulae*.

If looked at from a modern perspective, a similar treatment of word-formation conceals a very serious theoretical problem. If the notion of derivation addresses primarily (though not exclusively) language origin, but empirical data on word-formation are examined primarily (though not exclusively) in descriptive grammars, which study the synchronic functioning of language, a contrast emerges: the position of data on word-formation on the axis of time is not aligned to the position of grammars on this same axis. Clearly, one might argue that this contrast is a modern problem that has no room in ancient times, since it could not exist before Saussure's teaching and his identification of the synchrony-diachrony divide. And this can also be true to some extent: ancient scholars never discussed this contrast overtly and, with a few exceptions (see fn. 18 below), practical grammars continued to describe complex words following the same approach that is seen in Latin grammarians until the 19th century (Alfieri 2023: 110ff.). However, the authors of philosophical grammars showed a surprising – and incredibly modern – awareness of this problem: by the end of the Middle Ages, they started to align their treatment of word-formation and their grammars' position on the axis of time fairly systematically. In practice, two solutions were considered: either rephrasing the notion of word-formation in synchronic terms while maintaining the typically descriptive, synchronic approach of grammars; or preserving the diachronic-ontogenetic nature of the Greek-Roman notion of word-formation while redefining the position of the grammar on the axis of time in diachronic-ontogenetic terms (Alfieri 2023: 114–124).

The first option was embraced by speculative grammarians between the 12th and the 15th centuries. Unlike Latin grammarians, not only did the *Modistae* describe Latin, they described the universal substance of Language through the empirical analysis of Latin.[2] As a consequence, since the universal essence of language remains constant across time and space, the *Modistae* employed an achronic-universalistic approach to grammatical analysis (Simone 1992: 98ff.) which, in Saussurean terms, is closer to the modern notion of synchrony, than to that of diachrony or language origin.[3] In this approach, word-formation does not refer to the formation of words from the *primae voces linguarum* (i.e., it does not refer to etymology or language origin); instead, it is about the creation of concepts and words in the universal mind of God and the human soul, both sharing the same universality and being not subject to change (Peter Helias 1975: 121–2). Consequently, the *Modistae* described *species* and *figurae nominum*, but these labels no longer referred to the formal accidents that words underwent during their evolution; rather, they represented the ontological properties of the objects signified by the words.[4]

The second approach was embraced by Scaliger (1540) and Sanctius (1587). Instead of studying the functioning of Latin or of Language in general, Scaliger and Sanctius studied their *causae*, that is, on the one hand the origin of the Latin linguistic forms (*causa originalis*), on the other hand, their *ratio*, that is the underlying reason that led these forms to be as they are (*causa finalis*). These works thus adopted a philosophical approach akin to speculative grammars but redirected their speculation towards the panchronic-ontogenetic

---

2 As Boethius of Dacia said (*Mod. Sig.* 92, 10.3–4), *omnia idiomata sunt una grammatica*. A similar view was expressed by Peter Helias, Francis Bacon, etc. For literature and discussion, see Alfieri (2023: 103ff.).
3 The object of the speculative grammars is *sermo ut quoddam abstractus a quodlibet sermone secundum generales virtutes* (anonym manuscript, 1240, see Pinborg 1967: 26). The same view is found in Nicola of Paris (Pinborg 1967: 27).
4 See Thomas of Erfurt (1972: 176, 182): *species non a voce sumitur [...sed...] a proprietate rei*; and *figura sumitur a proprietate rei non vocis*. This shift of perspective clarifies the success of *derivationes sensu, non literata* (Biondi 2014, 2018) in the Middle Ages. In these cases, nouns with specific meaning (e.g. *homo*) are derived from nouns of more general meaning (e.g. *humanitas*), irrespective of the forms of these nouns. For discussion, see Alfieri (2023: 105–107).

dimension of language origin instead of the achronic-universalistic dimension of Middle Ages metaphysics. Thus, *derivatio* refers to etymology in these works and word-formation is considered as the last step of the ontogenetic process of language evolution.[5]

In sum, in the Graeco-Roman world, derivation was primarily a diachronic-ontogenetic concept, but the data on derived words were predominantly described in grammars, which have a basically synchronic-descriptive approach. This contrast went unnoticed in practical grammars, which had practical purposes. However, it was recognised in all grammars written *secundum rationem*, and by the Renaissance, two different approaches to the study of word-formation started to emerge. The *Modistae* redefined derivation as concept creation, focusing on complex concepts rather than complex word forms and analysing derived words sparingly. Scaliger and Sanctius retained the diachronic-ontogenetic notion of *derivatio* from the Graeco-Roman world, but like their predecessors, they were far more interested in etymology than in the formal analysis of complex words.

3. *Philosophical–achronic grammars*

In the post-Medieval period, Latin was no longer the sole language used for grammatical descriptions, but the contrast between the two lines of philosophical grammars remained constant.

The universalistic approach of the *Modistae* resurfaced in a new form in the early 17th century in both France and Germany. The label *grammaire générale et raisonnée* first appeared in Macé (1635), and the same period saw the publication of some works that referred to a general theory of language, such as Ratke's *Allgemeine Sprachlehr* (1630), or advocated a universal method for learning all languages, such as Roboredos' *Methodo grammatical para todas as*

---

5   E.g. *amaritudo duceretur ab Amaro; Amarum a Mari: Mare unde derivabitur? ab Hebraeo Marath* (Scaliger 1540: 121, see also 1540: 58). The Mara, Hebr. הרמ <mrh>, is the place reached by Hebrews after traversing the Red Sea and it was famous for the bitterness of its waters (*Ex.* 16).

linguas (1619) and Hellwig's *Didactica universalis* (1619).[6] Also in this case, the pursuit of universality determined an achronic approach akin to that of the *Modistae* and the notion of derivation was redefined repeatedly. In practice, if a grammar is universal and therefore achronic, while word-formation pertains to language origin, then word-formation must either be reformulated in achronic terms or excluded from grammatical description.

The first solution was presented by Ratke (1630). According to his perspective, word-formation is God's gift (1630: 76), which bridges the gap between the mythical Language of Eden and human languages, and shows the almost-divine abilities of the men who can manipulate the primitive concepts defined by God for building new words (1630: 273, 276ff.). Consequently, the study of *accidentia verborum* (*Wortbedeutungslehre*) primarily pertains to semantics and philosophy, specifically metaphysics. Its goal is to reveal the profound truths concealed within words, thereby expanding the repertoire of concepts available to humans, especially Germans, whose language is deemed superior in generating new words (1630: 276-7).[7]

The second option was pursued by Irson, who omits any reference to *species* and *figurae verborum* in his *Nouvelle Méthode* (1656[1]). Instead, he describes French derivational families in the dictionary printed at the end of his grammar (1662[2]: 212–280).[8] The dictionary, entitled *Les Etymologie ou les origines & les derivez*, lists only primary words, with the derivatives grouped under the simple word from which they are derived: e.g. *arçson* 'saddle tree', *arçonner* 'to tree (saddles)', *desarçonner* 'to unsaddle', *arcade* 'arcade', *archet*

---

[6] On the general grammars before the *Grammaire*, see Auroux & Mazière (2007). On the universalistic-achronic approach of general grammars, see Rosiello (1967: 48, 106, 132, 167) and Simone (1969: xv–xix; xxix; 1992: 95, 110ff., 119ff., 1996).
[7] Ratke's semantic theory of word-formation is also found in Gueinz (Hundt 2000), Longolius (Spitzl-Dupic 2004) and Reisig (Schmitter 2004). On the contribution of Ratke to the development of German technical terminology for grammatical description, see Alfieri (2023: 139-140).
[8] Same solution in Hellwig (1619). On Irson (1662), see Delesalle & Mazière (2002).

'(small) bow' are all listed under *arc* 'bow'.[9] In other words, Irson believes that the concept of word-formation is not within the domain of grammar; instead, he places it under lexicology. According to him, lexicology studies the origin of words, whether it is the *origine prochaine*, i.e. the formation of words within one single language (or word-formation), or the *origine éloignée* (or etymology), which can also be traced across different languages (1656: 164–5).[10]

Irson's solution was canonised in Port Royal's *Grammaire*. Arnauld and Lancelot explicitly state that the study of *species* and *figurae nominum* pertains to a general dictionary, not a grammar (1660: 105). Therefore, they exclude it from their work, and this exclusion is also observed in the general grammars of the 18th century such as those by Beauzée (1767) and de Sacy (1799).[11]

4. Philosophical–panchronic grammars

The panchronic-ontogenetic perspective of Scaliger and Sanctius gained significant popularity in Germany between the 16th and the 18th centuries.

The autonomous reading of the Scriptures was a significant aspect of the Lutheran doctrine, and Luther published a six-volume translation of the Bible between 1522 and 1534. For the Bible to be translated into German, though, the German language needed to be considered as noble and prestigious as the *tres linguae sacrae*: Hebrew, Greek and Latin. However, due to a prejudice typical of these centuries, the prestige of something depended on its antiquity and the antiquity of a language was not measured on the date of

---

9   The same criterion of lemmatisation is found in the *Dictionnaire de l'Académie Française* (1694), on which see Leclercq (2002).
10 For a similar view, see the articles *grammaire* and *formation* written by Beauzée and Douchet for the *Encyclopédie Méthodique* (1784: II, 119, 198).
11 See *On n'a point parlé, dans cette Grammaire, des mots dérivés ni des composés, dont il y aurait encore beaucoup de choses très-curieuses à dire, parce que cela regarde plutôt l'ouvrage d'un Dictionnaire général, que de la Grammaire Générale*. The grammar by Régnier-Desmarais (1706) is exceptional, since it describes derived words, but the topic is discussed in only two pages out of 746 (Kaltz & Leclerque 2015: 28–31).

its earliest attestations, but on the quantity of *radices primitivae* and derived words present in that language. In this framework, abundance of derived words (*copia verborum*) was supposed to confirm the primaeval link between German and the Original Language of Mankind – that is, its enduring capacity to build new words exploiting the same word-formation mechanisms responsible for the creation of all languages. This context led to a new interest in the origin of German and the description of German word-formation in both Germany and the Netherlands.[12]

This new-found interest took two main forms. Starting in the mid-16th century, the question of language origin became a subject of great interest at the University of Leiden. Scholars like Goropius Becanus and Stevin began to challenge the traditional theory of language origin, asserting that the Original Language was not Hebrew, as commonly believed, but rather Flemish or Duytch, or a similar Germanic language. They argued that this language preserved a greater number of *grondwoorden* 'root-words' than Hebrew, Latin and Greek, suggesting that all Germanic languages might descend from it.[13] A few years later, German scholars such Albrecht (1573), Clajus (1578), Ritter (1616), Schottel (1641, 1663), followed by Aichinger (1741) and Adelung (1781, 1782, 1783) adopted Scaliger's and Sanctius' panchronic approach to grammatical description. They introduced a new type of philosophical grammar that directly competed with French general grammars; this new type of grammar described both the origin and the functioning of the German language and, specifically, described on the functioning of German word-formation, since the productivity of word-formation in German languages was considered as a proof of the special connection between German and the Original Language.

---

12 On the role of positive heritage building played by grammatical studies in Germany in the 16th and the 17th centuries, see Considine (2008).

13 The first claim on the existence of root-words in Germanic traces back to Irenicus' *Germaniae exegesis* (1518, see McLelland 2010: 7). The new theory of language origin serves as the foundation for the 'Indo-Scythian' hypothesis, as during this period the terms Scythian, Celtic, and Gothic are nearly synonymous: for reference and discussion, see Alfieri (2023: 111ff., 137ff.).

The novelty of this grammar type is evident in its internal organisation – that is, its table of contents –, which, starting from Schottel, is different from that of general and practical grammars. Almost all grammars written between the 15th and the 17th centuries consist of three main sections (Jellinek 1913: 228): the alphabet, parts of speech (which also includes the study of *species* and *figurae*) and syntax.[14] However, Schottel's *Sprachkunst* is organised differently: book I discusses the origin of Language and German (*Von der Uhralten der Teutschen Sprache*, pp. 1–172); book II covers the alphabet and parts of speech (*Etymologia*, pp. 174–552); book III addresses syntax (*Syntaxis*, pp. 553–653). The concept of *derivatio* is discussed twice: the process of word-formation is explored in book I, alongside theories of language origin (pp. 95–104, 105–138); the lexicalised products of these processes (i.e., derived and compound words) are described at the end of book II, following the study of inflection (pp. 303–344, 345–395).[15]

Clearly, adopting a new organisation for grammar description is not just practical; it also carries significant theoretical implications by highlighting the underlying framework upon which the work is based. In other words, if we study the functioning of language (and assume that the word is its minimum unit), then it is practical to describe the components of words (i.e., sounds and letters), the form of words in isolation (i.e., parts of speech inflection) and the usage of words in combination (i.e., syntax), as practical grammars do. Conversely, if the aim is to depict the entire evolutionary history of language, from its remote origin to the functioning of present-day German, it is more reasonable to begin with language origin, then delve into word-formation (i.e., etymology), and finally address word functioning (i.e., syntax), as Schottel does. The new *Protokoll* of grammatical description, in other words, underscores the shift

---

14   The division of grammar into these domains is discussed by Melanchthon (1558: aa2) and Arnauld & Lancelot (1660: 1–2). In some cases, the section of syntax can be missing or different sections on prosody and orthography are added.
15   A similar *Protokoll* is found in Albrecht (1573), Ritter (1616) and Adelung (1781). However, Ritter (1616: 47–52, 101) and Adelung (1781: 55–71) describe word-formation (i.e., *species* and *origo*) before inflection, but *figurae* (i.e., compounding) after it.

from the typical 'proto-synchronic' approach seen in practical grammars to the new 'proto-diachronic' approach. In this new approach, the notion of *derivatio* holds a central position. According to Schottel, roots are the basic building blocks of language (*die Fundament und die Grundsteine der Sprache*, 1663: 1276); they are older than words from the evolutionary standpoint (1641: 105) and consist only of letters that have remained unchanged, even after the Babelic confusion (1663: 33). Due to their ontogenetic antiquity, the roots are usually monosyllabic (1663: 1273), though some cases may involve also bi-syllabic roots (1663: 61). They are preserved primarily in the simplest and oldest forms of words, such as imperatives in the case of verbs (1663: 1274). All compound, derived and inflected words have been built from these *Wurzelwörter* during the evolution of Language, when other letters, which are only accidental and differ from language to language, were joined to the substantial and primitive letters in the roots (1641: 89–90).[16]

In this framework, the first systematic description of the data on word-formation is found. Following Sanctius (1733 [1587]: 28), German scholars focused their analysis of *species* and *figurae nominum* on simple, compound and derived words, excluding all other, mainly semantic, *species* of words included in Latin grammars such as *nomina corporalia, abstracta*, etc. Furthermore, the sections on *species* and *figurae*, which were separate in Latin grammars, are merged into a single chapter in Sanctius (1733 [1587]: 28) and Albrecht (1573: E3ff.), or in two contiguous chapters in Schottel (1641: 95ff., 303ff.). In both cases, the analysis of *species* and *figurae* is combined, because compounding (i.e. *figurae*) and word-formation (i.e. *species*) are seen as two different steps in the general evolution of Language, as explicitly stated by Albrecht (1573: E6).[17]

At the same time, the study of word-formation became progressively more detailed and more closely aligned with

---

16 The same idea is referred to by Scaliger (1540: 58, 121, 146, 163, etc.), Albrecht (1573: C2–3, E5), Ritter (1616: 47) and Adelung (1781: 1ff., 1782: xiiff., 1783: 27ff.). On the Semitic antecedents of this hypothesis, see Alfieri (2023: 141, fn. 58).

17 *Species, figuris non incommode subiunguntur, cum sint coniugata accidentia. Indicant autem species, quanam origines quodlibet nomen nascatur.* A similar idea can be traced back to Scaliger (Buzássyová 2019: 418).

contemporary standards. For instance, Schottel (1641) dedicates 100 pages out of 650 to the topic, while Donate provided only brief treatment in about 10 lines. Albrecht (1573: E8ff.), Clajus (1578: 77ff.), Schottel (1641: 303ff.; 1663: 317ff.), Aichinger (1754: 136ff.) and Adelung (1781: 103ff., 257ff.; 1783: 55ff.) compile lists of all *terminationes* that form derived words, such as *-heit*, *-keit*, *-er*, *-ig*, *-isch*, *-haft*, *-ung*, *-en*, etc., providing detailed explanations of their meanings.[18] Moreover, in some cases, German scholars go beyond describing the form of derived words and delve into the process of word-formation *ex prima radice* [...] *primum reperta a inventoribus linguis*: for instance, Albrecht states clearly that toponymic adjectives are formed either without terminations (*Johannes Würzburg*) or by adding the terminations *-er* (*Johannes Römer*) and *-isch* (*Johannes Sächsich*, Albrecht 1573: E5, E8).

In this context, the first operations of morphemic parsing are introduced. Albrecht observes that in the participle, *media syllaba sempre est radicalis, & thematis originem indicat* (*sag-en* 'to say' → *ge-sag-t* 'said', 1573: I5). Clajus explores the relation between the gender of nouns and their terminations and describes all formal changes that the verbal stem (*Wurzel*) undergoes in the formation of the present and past tenses (1587: 148). Schottel notes that in German, the stem coincides with the 2nd person singular imperative rather than with 1st person singular indicative (1663: 1274), as suggested by Priscian (GL II.421.20), or with the 3rd person singular indicative, as stated by Arnauld & Lancelot (1660: 105), and often divides suffixes and stems (1641: 100). Adelung identifies the role of ablaut in the formation of plurals and preterits (1781: 60ff.) and

---

18 A similar list of *terminationes* is found also in the practical grammars by Meigret (1550), Melanchton (1558) and Wallis (1668). Especially Melanchton's work was successful in many parts of Europe and served as the foundation for various compendia in its first minor editions (1525, 1526, 1529) and in enlarged major editions from the 1540s onwards. The passages on word-formation increases in length in editions; in the first editions, they do not exceed one or two short paragraphs, while in the later major editions it reaches up to fifteen pages. On Melanchton's grammar, its editions and influence on Schottel, see Jensen (1997: 89ff.) and Buzássyová (2019: 413, 431). On the practical grammars that describe word-formation, see Alfieri (2023: 124ff.).

introduces the use of hyphens to signify morpheme boundaries (*ich lieb=e, ge=wes=en*, etc. 1782: 204). During this period, technical terms related to word-formation also begin to emerge. At the start of his *Sprachkunst*, Schottel provides a table equating Latin terms and with their German counterparts (1641: 22–3): *radix* and *thema* are translated as *Wurzel* and *Stammwort*, while *terminatio, compositio, declinatio* and *derivatio* are rendered *Endung, Doppelung, Abwandelung* and *Ableitung*.[19] Although the term *Wortbildung* first appears in Fulda's dictionary (1776), Schottel and Adelung are already using the phrase *Bildung der Wörter*.[20] It is true that the difference between inflection, derivation and composition is not always clear-cut. For instance, Schottel considers *demonstrieren* as *derivatum oder compositum* and treats *Mannschaft* 'humanity' and *Willigkeit* 'will' as compounds, since the suffixes *-haft* and *-keit* are almost as transparent as full words (1641: 79; 1663: 51).[21] In the same vein, he defines *im Reich* 'in the kingdom', *Reiches*

---

19 On Schottel's terminology, see McLelland (2011: 49-50; 70ff.) and Barbarić (1981: 1208-9). Schottel does not explain why he translates *compositus* and *compositio* as *Verddoplet* and *Doppelung*, which are the usual labels whereby we refer to reduplication at present. However, Lat. *decompositus*, i.e. the word derived from a compound (e.g., *magnanimitas* 'magnanimity'), is translated *Dreidoppelt*: it, thus, seems that, to Schottel, a compound is a double word and the word derived from a compound is a triple word. Moreover, it is worth noting that the terms *positio* and *terminatio* are found only rarely in Latin grammars and they do not have the same meaning as in Schottel: *positio* refers to an inflected word, not exactly to the stem (i.e. the nominative in case of nouns and the 1st singular in case of verbs), and *terminatio* refers to the final part of a word, not exactly to the ending (i.e. to an ending or to the sum of ending plus suffix). For discussion, see Alfieri (2023: 80ff.).
20 On the first attestation of the term *Wortbildung*, see Kaltz (2004: 36). The term *Wortbildung* antedates the term *Morphologie*, which was introduced in linguistics by Schleicher in the second edition of his *Vergleichende Grammatik* (1876, cfr. Salmon 2001).
21 Both suffixes are the result of a grammaticalization process (EWDS 382, 404): *-haft* is related to *Haft* 'imprisonment', which resulted from the substantivisation of the past participle O.H.G. *haft* (< PIE *kap-to-* 'imprisoned', see Lat. *captus*); *-keit* is the variant of the suffix *-heit* with *ig*-adjectives (i.e. *-igheit* > *-igkeit*), and is traced back to P.Germ. *$haidu$-* (see Goth. *haidu* 'manner, type, way'). Schottel is not aware of the etymology of these suffixes, but their synchronic transparency (and, perhaps, the presence of the word *Haft* in German, albeit with a different meaning from that of the suffix), let him equate these suffixes with compound constituents.

'of the kingdom', *reich* 'rich' and *reichsten* 'richest' as *Abgeleitete* 'derivatives' of *Reich* 'kingdom', each word being traceable to the root-word *Reich*, albeit in different manners (1663: 68). With a few exceptions, however, Schottel consistently distinguishes endings (*zufällige Endungen*) and suffixes (*Haubtendungen der Abgeleiteten*), clearly separates derivation from compounding, correctly parses complex words and identifies the stems from which these complex words are derived (e.g. *unverantwortlich* from *Wort*; *Mannlich* and *Mannschaft* from *Mann*, etc., Schottel 1641: 103). Aichinger divides compounding and word-formation based on their different productivity (1754: 136ff., 146ff., 157ff.), and Adelung recognises that the suffixes listed in his grammar can be used also for building new words (1781: 395).

In summary, German 'panchronic' grammars provided more comprehensive information compared to general grammars, as they included data on word-formation, which the Port Royal grammarians excluded. However, German 'panchronic' grammars also become less consistent, as they blended genuine data on word-formation with 'pseudo-data', which were essentially philosophical theories on language origin misinterpreted as empirical data. For instance, Ritter asserts that German nouns in *-ung* and *-keit* are feminine, since the root-words that gave rise to these endings were feminine; consequently, since all German words are gender-marked, he assumes that all German words can be dissected into a *radix* and a *terminatio*, and he puts forth a series of pseudo-morphemes to confirm his idea, such as *-ad* in *Rad* 'wheel' and *-ld* in *Bild* 'image' (1616: 27ff.).[22] In the same vein, Schottel interprets the term *Wurzel* as referring to the original word of the primitive language preserved in German: however, in practice this original word can be represented by a German primary stem such as *Welt* 'world' or *Fleisch* 'meat' (1641: 89), which are real and synchronic units; a primary stem shared among various Germanic languages, such as *Tag*: *Dies*, *Thur*: *Porta*, *Stern*: *Stella*, etc. (1641: 167), which are real and diachronic units; or a philosophical concept misinterpreted as a genuine linguistic unit, such as the root *litt-/*

---

22 The same type of pseudo-morpheme appears in Clajus (1587: 33ff.).

lett- 'membrum' found in Germ. *Letter*, Engl. *letter*, Lat. *littera*, and believed to originate from the Celtic or Hebrew root LID/LED (1641: 77–8).

5. Conclusion

According to manuals, the architecture of linguistic knowledge in the 17th and 18th centuries consisted of three primary research domains: practical grammars, works on the language origin and philosophical grammars, which are usually though to represent a unitary group of works. This picture is sometimes presented by identifying a German tradition of grammaticography that has some special characteristics with respect to both practical and philosophical grammars. However, the paper shows that the whole unitary conception of the philosophical grammars needs some rethinking.

In examining the history of word-formation, philosophical grammars can be divided into two very different groups based on their treatment of word-formation and their position on the axis of time. General grammars adopt a 'proto-synchronic' (or achronic-universalistic) approach, excluding data on word-formation, which – in their view – pertain to language origin. By contrast, panchronic-ontogenetic grammars adopt a 'proto-diachronic' approach, extensively describing word-formation data, but interpreting these data *sub specie originis linguae*. Therefore, general grammars, while less informative, maintain greater consistency, as they focus solely on empirical data; however, they omit some of the empirical data that, in our contemporary view, are pertinent to language description (i.e., data on word-formation). By contrast, Germanic diachronic-ontogenetic grammars are more informative, since they describe also the data on word-formation, but less consistent, since they blur the difference between empirical data (on word-formation or etymology) and philosophical theories (on language origin); and they also obscure the distinction between language description (i.e., synchrony), language change (i.e., diachrony) and language origin (i.e., philosophy).

Needless to say, the categorisation of grammars into general, diachronic-ontogenetic and practical works is not always clear-cut, and there are intermediate works that blur the lines between these categories. Meigret (1550), Melanchton (1558), and Wallis (1668) can be seen as practical grammars that also delve into word-formation, resembling aspects of diachronic-ontogenetic grammars, although they do not explore language origin (see fn. 18). Régnier-Desmarais (1706) falls into the general grammar category but discusses derived words in a way akin to practical grammars (see fn. 11). Ramus (1590) presented a practical grammar with a philosophical inclination similar to general grammars, while Clajus (1578) and Aichinger (1741) wrote diachronic-ontogenetic grammars with limited philosophical interest (see fn. 15). In the same vein, the proto-synchronic (or achronic-universalistic) approach found greater favour in France, while the diachronic-ontogenetic (or panchornic) approach garnered more followers in Germany, but the contrast between these approaches does not align perfectly with the difference between the German and French traditions of grammatical studies: general grammars were written across all Europe in the early 17th century and a few French grammars that describe word-formation are found (see above). However, acknowledging the structural difference between two highly divergent traditions of philosophical grammars is essential for reconstructing the history of word-formation and, more in general, the architecture of language sciences in the 17th and 18th centuries.

References

Primary sources

Adelung, J. Ch., (1781), *Deutsche Sprachlehre* (Berlin: Boß).
―――, (1782), *Umständliches Lehergebäude der Deutschen Sprache zur Erläuterung der Deutschen Sprachlehre für Schulern* (Leipzig: Breitkopf).
―――, (1783), 'Von neuen Wörtern durch die Ableitung', *Magazin für die deutsche Sprache* 1(4): 36–78.
Aichinger, C. F., (1754), *Versuch eine teutschen Sprachlehre anfänglich nur zu eignen Gebrauche unternommen, endliche aber, um den Gelehrten zu fernerer Untersuchung Anlaß zu geben, aus Liecht gestellt von C.F.A.*

(Frankfurt-Leipzig: J.P. Kraus); repr. 1972 (Hildesheim: Olms).
Albrecht, L., (1573), *Teutsch Grammatick oder Sprach-Kunst* (Augustae Vindelicorum: Mariger).
Arnauld, A., C. Lancelot, (1660), *Grammaire générale et raisonnée*. (Paris : Pierre le Petit); it. trans. a cura di R. Simone, (1969), *Grammatica e Logica di Port-Royal* (Roma: Ubaldini).
Beauzée, N., (1767), *Grammaire générale, ou Exposition raisonnée des éléments nécessaires du langage, pour servir de fondement à l'étude de toutes les langues* (Paris : Barbou).
Beauzée, N., J.-F. Marmontel, éds., (1782–1786), *Encyclopédie Méthodique par ordre des matières. Grammaire et littérature*, vol. I = 1782, vol. II = 1784, vol. III = 1786 (Paris : Panckckoue et Liège : Plomteaux).
Boethius of Dacia = Pinborg, J., H. Roos, (1969), *Boethi Daci opera. Modi significandi sive quaestiones supra Priscianum maiorem*, vol. IV.1 (Hauniae: Gad).
Clajus, J., (1587[6]), *Grammatica germanicae linguae* (Lipsiae; Rambau, Hans d.Ä.); repr. 1978 (Freiburg: Trübner).
GL = Keil, H. *et al., cur.*, (1961–1981 [1855–1880[1]]), *Grammatici latini*, VIII vols. (Hiledesheim-New York: Olms); repr. 2009–2010 (Cambridge: CUP).
Hellwig, Ch., (1619), *Libri didactici grammaticae universalis, Latinae, Graecae, Hebraicae, Chaldaicae* (Giessae: Chemlin).
Irson, C., (1662 [1656[1]]), *Nouvelle méthode pour apprendre facilement des principes et la pureté de la langue française contenant plusieurs traités* (Paris : Baudovin).
Ising, E., Hrsg., (1959), *Wolfgang Ratkes Schriften zur deutschen Grammatik*, 2 vols. (Berlin: Akademie).
Macé, J. [du Tertre, S.], (1651 [1635[1]]), *Méthode Abregée pour apprandre facilement la Langue Latine, pour parler puremant et escrire nettemant en François* (Paris : s.n.).
Meigret, L., (1980 [1550[1]]), *Le Tretté de la grammęre françoęze* éd. par F. J. Hausmann (Tübingen: Narr).
Melanchthon, Ph. S., (1558), *Grammatica latina* (Augusta Vindelicorum: Weyssenhorn).
Peter Helias = Reilly, L. (1968), *Peter Helias. Summa super Priscianum maiorem*, 2 vols. (Toronto: Pontificial Institute of Medieval Studies).
Ramus, P., (1590[2]), *Grammatica latino-francica* (Francofurdi: Welchelum).
Ratke, W., (1612–1615), *Sprachkunst*, in Ising (ed.), vol. II: 7–22.
———, (1619), *Allgemeine Sprachlehr nach der Lehrart Ratichii*, in Ising (Hrsg.), vol. II: 28–48.
———, (1630), *Die WortbedeütungsLehr der Christilichen Schule [...]*, in Ising (Hrsg.), vol. II: 269–318.
Régnier-Desmarais, F. S., (1706), *Traité de la grammaire française* (Paris : Coignard).
Ritter, S., (1616), *Grammatica germanica nova usui omnium aliarum nationum* (Marpurgi: Hutvelckeri).
da Roboredo, A., (1619), *Methodo grammatical para todas as linguas* (Lisbon:

Craesbeeck).
de Sacy, S. A. I., (1849 [1799[1]]), *Principes de grammaire générale* (Bruxelles : F. Verteneuil).
Sanctius, F., (1733 [1587[1]]), *Minerva seu de causis linguae latinae commentarius [...]* (Amstelaedami: Waessbergio).
Scaliger, J. C., (1540), *De causis linguae latinae in XIII libros* (Lugudum: Griphium).
Schottel, J. G., (1641), *Teutsche Sprachkunst* (Braunschweig: Grubern).
——, (1663), *Ausführliche Arbeit von den Teutschen HaubtSprache* (Braunschweig: Zilligen); repr. 1995 (Tübingen: Niemeyer).
Thomas of Erfurt = Bursill-Hall, G. L., (1974), *Thomas of Erfurt. Grammatica speculativa* (London: Longman).
Wallis, J., (1668 [1653[1]]), *Grammatica linguae anglicanae* (London: Scolar).

Secondary sources

Alfieri, L. (2023), *La morfologia derivazionale e il problema del tempo. Dall'antichità greco-romana a Franz Bopp* (Milano: Mimesis).
——, (2022), 'Varrone e la storia della morfologia derivazionale', in *Ubi homo, ibi lingua. Studi in onore di Maria Patrizia Bologna*, a cura di L. Biondi, F. Dedé, A. Scala, 1–14 (Milan: dell'Orso).
——, (2021), 'The classification of accidents and the theory of word-formation in Graeco–Roman grammar', *Beiträge zur Geschichte der Sprachwissenschaft* 32(1), 16–45.
Auroux, S., et al., eds., (2000–2006), *History of Language Science. An International Handbook of the Evolution of the Study of Language from the Beginnings to the Present*, vol. I: 2000, vol. II: 2001, vol. III: 2006 (Berlin–New York: De Gruyter).
Auroux, S., F. Mazière (2007), 'Une "grammaire générale et raisonnée" en 1650 (1635?). Description et interprétation d'une découverte empirique', in *History of Linguistics 2005*, ed. by D. Kibbe, 131–155 (Amsterdam–Philadelphia, Benjamins).
Barbarić, S., (1981), *Zur grammatischen Terminologie von Justus Georg Schottelius und Kaspar Stieler* (Bern, Lang).
Biondi, L., (2018), 'Espressioni metaforiche e *derivatio* nei grammatici latini medievali: prime annotazioni', *Archivium Latinitatis Medi Aevi*, 76, 39–68.
——, (2014), '*Litteratura* e *sensu*: alcune considerazioni', in *Meminisse iuvat. Studi in memoria di Violetta de Angelis*, a cura di F. Bognini, 135–162 (Pisa: ETS).
Buzássyová, Ľ., (2019), 'From ancient *species* and *figura* accidents to the rudiments of the word-formation discipline in Latin and Vernacular grammars', *Listy filologické* 142(3–4), 407–443.
Considine, J., (2008), *Dictionaries in Early Modern Europe: Lexicography and the Making of Heritage* (Cambridge: CUP).
Delesalle, S., and F. Maziére (2002), 'La liste dans le développement des

grammaires', *Histoire Epistémologie Langage* 24(1), 65–92.
EWDS = Seebold, E., (2002[24]), *Etymologisches Wörterbuch der deutschen Sprache*, (Berlin/New York: De Gruyter).
Faust, M., (1981), 'Scottelius' concept of word-formation', in *Logos semantikos*, ed. by H. Geckeler *et al.*, vol. III, 359–370 (Berlin/New York/ Madrid: De Gruyter).
Forsgren, K.-Å., B. Kaltz, Hrsg., (2004), *Studien zur Geschichte der Wortbildungstheorien* (Münster: Nodus).
Gardt, A., (1994), *Sprachreflexion in Barock und Frühaufklärung: Entwürfe von Böhme bis Leibniz* (Berlin: De Gryuter).
——, (1999), *Geschichte der Sprachwissenschaft in Deutschland: vom Mittelalter bis ins 20. Jahrhundert* (Berlin: De Gruyter).
Gützlaff, K., (1989a), *Von der Fügung teutscher Stammwörter. The wordformation in J.G. Schottelius' 'Ausführliche Arbeit von der Teutschen Hauptsprache'* (Hildersheim: Olms).
——, (1989b), 'Der Weg zum "Stammwort". Der Beitrag von J.G. Schottelius zur Entwicklung einer Wortbildungslehre der Deutschen', *Sprachwissenschaft*, 14, 58–77.
Hundt, M., (2000), *'Spracharbeits' im 17. Jahrhundert. Studien zur Georg Phillip Harsdörffer, Justus Georg Schottelius und Christian Gueintz* (Berlin/ New York: De Gruyter).
Jensen, K., (1997) 'Die lateinische Grammatik Melanchthons. Hintergrund und Nachleben', in *Melanchthon und das Lehrbuch des 16. Jahrhunderts*, hrsg. von J. Leonhardt, 59–99 (Rostock: Universität Rostok).
Jellinek, M. H., (1913), *Geschichte der neuhochdeutschen Grammatischen von den Anfängen bis auf Adelung* (Heidelberg: Winter).
Kaltz, B., éd., (2008), *Regards croisés sur le mots non simple* (Lyon : ENS).
——, (2004), 'Zur Herausbildung der Wortbildungstheorie in der deutschen Grammatikographie', *Beiträge zur Geschichte der Sprachwissenschaft* 14(1), 23–40.
——, O. Leclercq, (2015), 'Word-Formation: from its beginnings to the 19th century', in Müller *et al.* (eds.), 22–37.
Kastovsky, D., (2006), 'Morphology as word-formation in the 20th century', Auroux *et al.* (eds.), 2324–2340.
Leclercq, O., (2002), 'Aspects grammaticaux d'un dictionnaire de langue : deux traitements de la morphologie dans le *Dictionnaire de l'Académie* (1694)', *Histoire Epistémologie Langage* 24(1), 107–118.
Lindner, Th., (2015), 'Word-formation in historical-comparative grammar', Müller *et al.* (eds.): 38–51.
McLelland, N., (2010), 'Justus Georgius Schottelius (1612–1676) and European Linguistic Thought', *Historiographia Linguistica* 37(1–2), 1–30.
——, (2011), *J.G. Schottelius's Ausführliche Arbeit von der Teutschen HaubtSprache (1663) and ist place in early modern European vernacular language study* (Oxford: Blackwell).
Moulin-Frankhänel, C., (2000), 'Deutsche Grammatikschreibung von 16. Bis 18. Jahrhundert', in *Sprachgeschichte. Ein Handbuch zur Geschichte der*

deutschen Sprache und ihrer Erforschung, hrsg. von W. Besch et al., vol. 2.2, 1903-1911 (Berlin: De Gruyter).
Müller, P. O., et al., eds., (2015), *Word-formation. An international handbook of the languages of Europe,* vol. 1 (Berlin/Boston: De Gruyter).
Padley, G. A., (1976–1988), *Grammatical Theory in Western Europe 1500-1700,* vol. I (1976): *The Latin Tradition* (Cambridge: CUP).
Pinborg, J., (1967), *Die Entwicklung des Sprachtheorie im Mittelalter* (Münster: Aschendorff).
Rosiello, L., (1967), *Linguistica illuminista* (Bologna: Mulino).
Salmon, P., (2001), 'The term *morphology*', *Language Typology and Language Universals: An International Handbook,* ed. by M. Haspelmath et al., 15–22 (Berlin/New York: De Gruyter).
Schmitter, P., (2004), 'Die Wortbildungstheorie der früheren Semasiologie. Ein weißer Fleck in den Geschichtsatlanten der Linguistik', *Beiträge zur Geschichte der Sprachwissenschaft* 14(1), 107–134.
Simone, R., (1992), *Il sogno di Saussure* (Rome-Bari: Laterza).
——, (1996), 'Unicità del linguaggio e varietà delle lingue in Port-Royal', in *Language Philosophies and the Language Sciences,* a cura di D. Gambarara et al., 85–103 (Münster: Nodus).
——, (1969) = Aranuld & Lancelot (1660).
Spitzl-Dupic, F., (2004), 'Wortbildung aus sprachphilosophischer Sicht. Johann Friedrich Lambert', *Beiträge zur Geschichte der Sprachwissenschaft* 14(1): 41–68.
Vaahtera, J., (1998), *Derivation. Greek and Roman Views on Word Formation* (Turku: Turun Yliopisto).

SOPHIE PIRON

LE MATÉRIAU TEXTUEL DES ELEMENS DE LA GRAMMAIRE FRANÇOISE (1780)
À la recherche des sources de Lhomond

Abstract: The present study analyzes the sources of Lhomond's *Elémens de la grammaire françoise*, published in 1780. This little grammar has had an incredible success and initiated the trend of French school grammar. It supplanted the two most important grammars that preceded it within the elementary grammars, namely those of Restaut (1732) and Wailly (1759). The study shows that Lhomond borrowed a lot from Restaut and Wailly, drawing both from their *Abrégé* and their *Principes*.

Keywords: French grammar, 18th century, Lhomond, Restaut, Wailly.

1. Introduction

La présente étude s'inscrit dans une recherche plus vaste qui a pour objectif de proposer une édition critique des *Elémens de la grammaire françoise* (EGF) de Charles-François Lhomond (1727-1794), parus en 1780, à Paris. L'ouvrage a connu le succès, du vivant même de l'auteur puisqu'il a fait l'objet de sept éditions entre 1780 et 1790. De nombreuses éditions posthumes ont ensuite été produites jusqu'à la fin du XIXe siècle (Chervel 1977, Colombat *et al.* 2010). L'ouvrage a incontestablement marqué l'histoire de la grammaire scolaire du français et est reconnu à ce titre.

> Aucune grammaire française, sans doute, n'a connu un succès aussi durable que celle de Lhomond. (Chervel 1977 : 63)
> La date clé dans l'histoire de la production grammaticale à usage scolaire au XVIIIe siècle n'est pas le Restaut de 1732, qui distingue les

deux orthographes, ni le Wailly de 1754 qui abandonne la déclinaison, mais le petit Lhomond de 1780. (Chervel 2006 : 220)

Pourtant, on ne doit à Lhomond que d'avoir entériné la scission du substantif et de l'adjectif en deux parties du discours autonomes, une scission proposée par Girard (1747) et reprise par Beauzée (1767). Peu d'auteurs à l'époque intègrent ce classement dans leurs ouvrages, les EGF ont permis de le faire passer dans la doxa grammaticale. Le véritable apport de Lhomond se situe donc ailleurs. Dans la forme adoptée, d'abord : le style est plutôt simple (Chervel 2006), même s'il reste classique par la longueur des phrases (Piron 2022a).

> La formule concise, exacte, [...] claire, aussi nette dans ses énoncés qu'un catéchisme diocésain, est d'emblée plébiscitée par un large public. (Chervel 2006 : 220-221)

Dans le contenu proposé, ensuite : la matière est condensée et élaguée. En effet, les *Elémens* tiennent en un peu moins de 100 pages. Ce « degré zéro du manuel » de grammaire (Chervel 2006 : 220) est ce qui a fortement contribué à son succès dans un monde scolaire balbutiant.

Chervel (1977) fait de Lhomond le « continuateur » de Restaut et de Wailly dans la mesure où ces deux grammairiens ont offert, respectivement en 1732 et en 1759, des abrégés célèbres qui sont destinés aux débutants, le même public auquel s'adresse Lhomond.

> Et c'est à juste titre que Lhomond, leur [Restaut et Wailly] continuateur immédiat, signale leur complexité. (Chervel 1977 : 52)

Les œuvres de Restaut et de Wailly constituent des publications phares du XVIIIe siècle (Fournier 1998, Julien 1998). Les deux auteurs sont régulièrement cités à l'époque et leurs ouvrages connaissent une diffusion importante. L'*Abrégé* de Restaut est utilisé comme manuel dans les collèges jusqu'à la fin du XVIIIe siècle, et l'A*brégé* de Wailly compte douze éditions jusqu'en 1804. Or Lhomond vient concurrencer ces deux ténors de la grammaire élémentaire et finit par sonner le glas de leur succès puisque les *Elémens* de 1780 sont presque immédiatement adoptés dans les collèges et les écoles royales militaires (Chervel 2006) et primés en 1795 au concours pour les livres élémentaires[1]. Les textes officiels de l'instruction publique française y feront ensuite périodiquement référence au cours du XIXᵉ siècle (Chervel 1992).

L'objectif de l'étude proposée ici est d'établir ce que Lhomond doit à Restaut et à Wailly. En effet, des recherches précédentes constituant des coups de sonde dans le texte de Lhomond (Piron 2020, 2022b) ont permis de mieux cerner le bassin d'auteurs chez qui le pédagogue a davantage choisi de puiser son inspiration. Parmi les grammaires les plus connues parues au XVIIIᵉ siècle et qui auraient pu servir à Lhomond, les premiers résultats ont ainsi identifié celles de Restaut et de Wailly comme les deux sources principales des *Elémens de la grammaire françoise*. Or, contrairement à ce que l'on aurait pu croire, Lhomond s'est servi à la fois des *Abrégés* et des *Principes* de ses deux prédécesseurs.

La présente étude se concentre sur une portion importante des *Elémens de la grammaire françoise*, mais surtout, cette fois, sur des chapitres entiers (le nom, l'article, l'adjectif, le pronom et le verbe), couvrant ainsi plus de la moitié de l'ouvrage en termes de pages. L'étude procède à une comparaison minutieuse de ce que nous nommons *le matériau textuel* – les contenus et leur expression – avec l'Abrégé et les Principes de Restaut et de Wailly, sans délaisser le bassin de grammaires de référence du XVIIIᵉ siècle. L'objectif est de déceler ce que Lhomond a repris ou transposé, tant dans la forme que dans les contenus retenus.

Pour ce faire, les sections suivantes détaillent d'abord les sources potentielles des EGF et la méthodologie utilisée. Elles proposent ensuite une comparaison générale des contenus, puis une comparaison spécifique des six premiers chapitres des EGF : l'introduction, le nom, l'article, l'adjectif, le pronom et le verbe.

---

1   Il s'agit d'un concours mis sur pied en 1794 en vue d'établir la liste des ouvrages les plus adéquats pour les écoles. Le rapport du jury est déposé au Corps législatif par Lakanal en 1795 (Chervel 2006).

2. Les sources potentielles des *Élémens*

Lhomond livre assez peu d'indices sur les influences qu'il a pu subir et les sources auxquelles il aurait puisé son inspiration. On décèle des bribes d'informations dans la préface des EGF par la critique que le grammairien fait de ses prédécesseurs. Lhomond semble avoir fait table rase du passé. Il reproche au courant moderne qui lui est contemporain le caractère trop abstrait de ses définitions. Cela transparaît en filigrane dans les *Elémens* français, plus explicitement dans la préface de ses *Elémens* latins où est ciblé Beauzée[2].

> Enfin il y a une manière de s'énoncer accommodée à leur [aux enfants] foiblesse : ce n'est point par des définitions abstraites qu'on leur fera connoître les objets dont on leur parle. (Lhomond 1790 : 3-4)
> Je connois les nouveaux plans de Grammaire que l'on propose depuis quelques années [...]. Quels sont en effet les principes que nous offrent ces nouveaux plans ? Les voici fidélement transcrits [...]. Les autres nouvelles Grammaires, même celles que l'on nomme *élémentaires,* sont sur le même ton, & les Auteurs s'appuient sur l'autorité de celle-là [*La Grammaire générale*]. (Lhomond 1781 : v)

Si Lhomond blâme également les abrégés pour n'être pas adaptés au jeune public qu'ils visent, il reconnaît la qualité des grammaires de son temps.

> Nous avons de bonnes grammaires françoises, mais je doute que l'on puisse porter un jugement aussi favorable des Abrégés qui ont été faits pour les Commençans. (Lhomond 1790 : 3)

Au fil du texte, les EGF ne font explicitement référence qu'à une seule source. Il s'agit de l'abbé d'Olivet, pour son opuscule *Essais de grammaire,* au sein de ses *Remarques sur la langue françoise*

---

2   Lhomond a publié des *Elémens de la grammaire latine* en 1779. Cette grammaire préfigure la version française, publiée l'année suivante. Dans la préface des *Elémens* latins, Lhomond cite le titre de la *Grammaire générale* de Beauzée, réfère à la page 235 du tome 1 et reproduit les définitions du nom, de l'adjectif, du pronom et du verbe.

(1767). La référence apparaît seulement en note de bas de page (Lhomond 1790 : 62-63), à propos de la règle d'accord du participe passé. Il serait donc tentant de croire que les *Elémens* français se sont affranchis des textes publiés notamment par Restaut et Wailly.

3. Méthodologie

La recherche des sources d'inspiration de Lhomond requiert de dresser la liste des grammaires retenues pour la comparaison et les éditions qui serviront à cet effet. Il est toutefois impossible de savoir quels ouvrages et quelles éditions Lhomond a pu avoir en sa possession. Les EGF étant une grammaire élémentaire, il eût été plausible que Lhomond s'inspire des abrégés de Restaut et Wailly. Chervel (1977) relie d'ailleurs les *Elémens* aux versions abrégées des grammaires de Restaut et de Wailly. Or des recherches précédentes (Piron 2020, 2022b) ont déjà permis d'entrevoir que Lhomond a aussi puisé dans les versions longues de ces ouvrages. La présente étude suit ce sillon.

L'édition de référence pour les *Elémens de la grammaire françoise* est celle de 1790, la dernière du vivant de Lhomond. Elle ne présente, en fait, aucune modification de contenu par rapport à celle de 1780, mais uniquement des améliorations typographiques.

Restaut publie ses *Principes* en 1730 et un *Abrégé* en 1732. Le choix des éditions retenues a été guidé par la définition du mot *grammaire*. En 1730 et 1732, la *grammaire* est « l'art de parler » (Restaut 1732 : 1). À partir de 1753, la *grammaire* devient « l'art de parler & d'écrire correctement » (Restaut 1753 : 1). Or Lhomond reproduit cette seconde définition. Dès lors, l'édition de référence pour la présente étude est, pour l'Abrégé, celle de 1753[3] et, pour les Principes, celle de 1758.

La comparaison avec Wailly a été menée sur ses deux ouvrages également. L'auteur a d'abord publié en 1754 une *Grammaire françoise,* puis l'a fortement remaniée. L'édition qui sert habituellement

---

3   Il s'agit de la 4ᵉ édition, la dernière du vivant de l'auteur. En effet, la 5ᵉ sort en 1764, année de la mort de Restaut.

de référence est la sixième et c'est celle que nous avons retenue ici. Elle date de 1772 et porte un titre différent de celui de la première édition : *Principes généraux et particuliers de la langue françaises*, titre qui évoque très clairement celui de Restaut. Wailly a également rédigé un *Abrégé de la grammaire françoise* en 1759. Il l'a beaucoup retravaillé par la suite[4]. Nous avons retenu l'édition de 1773 pour avoir un ouvrage relativement contemporain à celui de Lhomond.

Le corpus de comparaison est ainsi constitué de quatre ouvrages : les Abrégés et les Principes, de Restaut et de Wailly. L'étude menée imposait cependant qu'une vérification soit également réalisée sur d'autres grammaires du XVIIIe siècle, de manière à s'assurer qu'aucune autre source d'inspiration n'était ignorée. La comparaison a dès lors été élargie aux huit ouvrages suivants : Régnier-Desmarais (1705), Buffier (1709), Gaullyer (1722), Vallart (1744), Girard (1747), Beauzée (1767), D'Olivet (1767), Domergue (1778). Nous pouvons déjà confirmer que cette comparaison élargie n'a rien révélé.

4. *Comparaison générale*

Cette section s'attache à comparer la facture des *Elémens* de Lhomond avec les quatre ouvrages de Restaut et Wailly, sur les aspects qui peuvent constituer des spécificités à l'époque.

De manière générale, les EGF s'alignent plutôt sur les grammaires de Restaut, en intégrant des choix tantôt de l'Abrégé (présence d'une partie consacrée à des observations/remarques sur les espèces de mots, et ce, après le passage en revue de toutes les parties du discours), tantôt des Principes (le chapitre consacré à la préposition précède celui de l'adverbe, comme chez Wailly d'ailleurs). Restaut rédige toutefois encore sous la forme érotématique de *demande/ réponse*, un choix rédactionnel que ne posent plus les grammairiens après lui. Par ailleurs, les EGF – comme les grammaires de Restaut – se détachent spécifiquement de Wailly sur deux points : Wailly ne compte pas le participe comme partie du discours et il propose dans

---

4 En consultant les éditions de 1759 et celle de 1773 pour évaluer laquelle des deux retenir, nous nous sommes rendu compte que Wailly avait profondément remanié son texte en l'alignant sur les ouvrages de Restaut.

ses ouvrages une partie spécifiquement consacrée à la syntaxe. En revanche, les trois grammairiens présentent surtout une similitude notable pour l'époque, à savoir la présence d'une section consacrée à l'orthographe. Elle n'apparaît que dans les Principes de Restaut[5] alors qu'elle est dans les deux ouvrages de Wailly.

Malgré les parallélismes relevés avec Restaut et Wailly, les EGF présentent quelques spécificités. La différence la plus importante réside dans la reconnaissance chez Lhomond du nom et de l'adjectif comme deux espèces de mots à part entière, alors que Restaut et Wailly rangent encore les substantifs et les adjectifs sous la partie du discours du nom. Lhomond délaisse surtout les chapitres plus théoriques que proposaient ses prédécesseurs, notamment « Du genre, du nombre et du cas », « Explications des cas » (Restaut) ou encore « Du sujet, du vocatif & des régimes » (Wailly). Les EGF font aussi l'impasse sur la versification, qui n'est d'ailleurs exposée que dans les Principes.

5. Comparaison spécifique

5.1. L'introduction

Lhomond semble suivre Restaut, mais Wailly s'en étant lui-même inspiré, il est parfois difficile de départager qui Lhomond reprend. On peut toutefois affirmer que l'Abrégé de Wailly a servi de source pour l'explication des voyelles grâce à leur ordre de présentation, pour les exemples du *a* bref et long ou encore pour la description des accents. Ailleurs, Lhomond doit davantage à Restaut, et spécifiquement à son Abrégé, puisque les notions liées aux opérations de l'esprit, aux jugements et aux idées ne sont pas exposées. Lhomond élague même l'Abrégé sur plusieurs aspects, comme les syllabes ou les sortes de *e ouverts*. Si Lhomond réduit la matière exposée dans cette introduction, il réordonne aussi le

---

5 On signalera que certaines versions de l'Abrégé comportent un chapitre sur l'orthographe. C'est le cas de l'édition de 1745, publiée chez l'auteur.

contenu et propose une rédaction à reprise thématique, dans laquelle l'enchaînement de la phrase suivante se fait sur les derniers mots de la phrase précédente. Le procédé est d'autant plus marqué que les premières phrases sont assez courtes. Cela lui permet – et c'est différent de l'option suivie par Restaut – de resserrer les notions concernant les voyelles d'une part (nombre, liste, sortes de *e, y*) et concernant les consonnes d'autre part (nombre, liste, *h*).

La plupart des exemples cités par Lhomond se trouvent chez Restaut, qui en fournit simplement davantage. Sur les 26 exemples cités dans ce chapitre, seuls quatre proviennent de Wailly (1773) : *pâte, patte, histoire, hameau*.

5.2. *Le nom*

Comme cela a déjà été signalé, Lhomond scinde la partie du discours du nom en deux classes indépendantes, le nom (ainsi nommé, mais il s'agit en fait du *nom substantif*) et l'adjectif (ainsi nommé, mais il s'agit du *nom adjectif*). Il reproduit un traitement que d'autres avant lui avaient proposé (Girard 1747, Beauzée 1767 et Goulier 1773). Lhomond se distingue ici de Restaut, mais il a adopté la définition que ce dernier donne au nom (« un mot qui sert à nommer » [Restaut 1753 : 6]) plutôt que celle donnée au nom substantif (« celui qui signifie simplement la chose, & qui subsiste de lui-même dans le discours » [Restaut 1753 : 6]). Un tel choix présente l'avantage de simplifier la définition en la rendant moins abstraite et en la motivant.

Lhomond évacue également les procédés de reconnaissance que propose Restaut pour identifier le nom (il faut y joindre le mot *chose*) ou pour déterminer le genre (un nom masculin pourra être précédé de *le* ou *un*). La version de Lhomond cible beaucoup plus vite les points essentiels : définition, noms communs, noms propres, genre et nombre tandis que Restaut et Wailly se trouvent obligés de concilier les informations sur le nom substantif et celles sur le nom adjectif, mais ces derniers abordent également plus de notions que ne le fait Lhomond.

Il est aussi possible de repérer chez Lhomond plusieurs formulations empruntées à Restaut, présentes tant dans l'Abrégé que dans les Principes. La plupart des exemples sont également repris de Restaut. En revanche, la définition du nom et l'exposé du genre (masculin et féminin des noms animés et inanimés) exploitent l'Abrégé de Wailly. On soulignera enfin que Lhomond a puisé, cette fois, dans les Principes de Wailly, les remarques sur les noms qu'il a placées en fin d'ouvrage.

5.3. L'article

Sur le plan de la conception de l'article, Lhomond se rapproche de Wailly puisqu'il ne consigne qu'un seul article (*le, la, les*)[6], tandis que Restaut considère qu'il en existe quatre sortes (défini, indéfini, partitif, *un/une*). On perçoit Wailly en sous-jacence aux remarques de Lhomond sur l'apostrophe et les contractions *du, des, au, aux*[7]. Cependant, en plusieurs endroits de ce chapitre, la formulation rappelle Restaut, notamment lors de la définition de l'article.

Lhomond se rapproche également de Wailly tout en s'écartant de Restaut sur la question de la déclinaison. Si Restaut inscrit encore l'article dans le système casuel, Lhomond s'affranchit de la grammaire latine et ne voit plus dans ce mot qu'une marque de genre et de nombre du nom qui suit, ce que ne précise pas Wailly. La contraction des articles avec *à* et *de* que Lhomond intègre dans ce chapitre a ainsi pour origine les tableaux de déclinaison que l'on trouve encore chez Restaut. Lhomond aborde les formes contractées en les traitant sous l'angle de la syntaxe de régime : « pour joindre un nom à un mot précédent, on met *de* ou *à* devant ce nom » (Lhomond 1790 : 11), mais il transcrit les différentes formes contractées dans des tableaux (ce que ne fait pas Wailly), qui respectent d'ailleurs l'ordre des cas des grammaires antérieures. Ainsi, *du* (anciennement

---

6 On décèle une incohérence chez Wailly puisqu'après avoir dit « nous n'en avons qu'un [article] dans notre langue ; c'est *le, la, les.* » (1773 : 7-8), il précise « Quand on peut mettre *le* ou *un* avant un substantif, il est masculin. » (1773 : 8)

7 Lhomond exemplifie l'apostrophe avec les noms *argent* et *histoire* (Lhomond 1790 : 10), proposés par Restaut dans le même chapitre, mais en lien avec les articles indéfinis (Restaut 1753 : 16). Wailly cite aussi *l'histoire* (Wailly 1773 : 8).

conçu comme un génitif) est présenté avant *au* (datif). Sur ce point, c'est plutôt Restaut qui transparaît en filigrane chez Lhomond.

5.4. *L'adjectif*

Le chapitre est nettement inspiré de Restaut, sans en être pour autant une copie. L'ordonnancement des contenus présente quelques différences notables par rapport à l'Abrégé. Lhomond a en effet conservé dans le chapitre consacré à l'adjectif deux éléments que Restaut a déplacés dans son chapitre XII *Observations générales sur les parties du discours*, qui prend place après toutes les classes de mots. Le premier élément est un point de syntaxe de convenance (l'accord de l'adjectif avec le substantif) ; le second, un point de syntaxe de régime (le régime des adjectifs). On relèvera que Restaut avait déjà choisi dans ses Principes d'aborder la syntaxe de convenance de l'adjectif dans le chapitre consacré à cette partie du discours, ce que reproduit donc Lhomond. Ce dernier a également déplacé à la toute fin du chapitre sur l'adjectif la section portant sur les noms de nombre, alors que Restaut envisageait cette notion très tôt, avant même la morphologie du genre et du nombre.

Par ailleurs, Lhomond transforme son modèle soit en supprimant des développements que présentait même l'Abrégé, soit en le condensant (par exemple, la règle de formation du féminin qui contenait deux règles chez Restaut – les adjectifs à finale en -*e* et les autres – devient une seule règle générale chez Lhomond), soit encore en augmentant l'Abrégé par des contenus issus des Principes (les exceptions dans la formation du féminin et du pluriel, où Lhomond reproduit presque tous les exemples de Restaut). Sur quelques points de langue en évolution, Lhomond gomme la variation ou certaines formes dont témoignait son prédécesseur : *soixante-dix* et *quatre-vingt-dix* ont simplement été supprimés de la liste au sein de laquelle on les attendait, *second* n'est pas accompagné de son équivalent *deuxieme*, l'expression de la comparaison d'égalité ne consigne plus *autant* et *si* aux côtés de *aussi*. On sent Lhomond attentif à la norme par le fait qu'il reproduit la remarque que Restaut ne signalait que dans ses Principes : « plus bon, qui ne se dit pas » (Restaut 1758 : 60 ; Lhomond 1790 : 16).

Lhomond doit à Wailly quelques exemples, ainsi en particulier *nouvel appartement* (1753 : 15). Comme lui, il a rassemblé les adjectifs en *-x* pour les exceptions au pluriel. Il semble avoir été inspiré par Wailly pour les questions touchant à la place des adjectifs ou pour le comparatif de supériorité. En revanche, l'influence de Wailly est très nette pour la formulation portant sur le superlatif et surtout pour le titre *degrés de significations des adjectifs,* habituellement sous la forme *degrés de comparaisons des adjectifs.* C'est d'ailleurs sous cette appellation classique qu'elle apparaît chez Restaut, comme dans le bassin de grammaires retenues dans la présente étude.

5.5. *Le pronom*

La formulation au sein de ce chapitre est plus souvent qu'autrement empruntée à Restaut, qui s'exprime généralement à l'identique dans son Abrégé et ses Principes. On citera, en exemple, cette explication au sujet des pronoms personnels : « Me *pour* à moi, moi. *Le maître* me *donnera un livre*, c'est-à-dire, *donnera* à moi. *Le maître* me *regarde*, c'est-à-dire, *regarde* moi. » (Lhomond 1790 : 18) qui est presque recopiée de : « ME, pour *à moi* ou *moi. Vous* ME *donnez un livre* : *Vous* ME *regardez* ; c'est-à-dire, *vous donnez un livre* A MOI : *vous regardez* MOI. » (Restaut 1753 : 24). Autre exemple d'influence de Restaut : pour le pronom *soi, se*, Lhomond choisit le terme employé par Restaut, *pronom réfléchi*. C'est aussi celui de Beauzée (1767, T1 : 275), alors que c'est un indéfini pour Gaullyer (1722), un réciproque ou un réfléchi (Vallart 1744) ou un réciproque pour D'Olivet (1767). Lhomond a parfois choisi de suivre les Principes de Restaut plutôt que l'Abrégé. L'exemple le plus significatif est celui de la règle de syntaxe de convenance à propos des pronoms relatifs. Restaut expose cette règle dans le chapitre du pronom de ses Principes, alors que, dans son Abrégé, il en retarde l'exposé au chapitre des observations, après avoir passé en revue toutes les parties du discours. Lhomond, qui dispose aussi d'un chapitre de remarques après les parties du discours, a pourtant choisi d'exposer la règle des pronoms relatifs dès le chapitre consacré au pronom.

Lhomond a, le plus souvent, resserré l'exposé de Restaut et évacué la précision des explications. En plus de rédiger plus brièvement, Lhomond simplifie certains classements. Ainsi, il intègre les pronoms conjonctifs[8] au sein des pronoms personnels. On rappellera que Beauzée avait critiqué Restaut pour avoir utilisé ce classement (Beauzée 1767, T1 : 279-280). Lhomond ne reproduit pas non plus la terminologie employée par Restaut (ou Gaullyer, notamment) pour distinguer les pronoms dits *absolus* (*le mien*) des *relatifs* (*mon*). La scission qu'il établit dans son exposé entre les formes *mon, ma, mes,* etc. (« *Premiere remarque.* Ces pronoms sont toujours joints à un nom, *mon livre, ton chapeau.* » [Lhomond 1790 : 21]) et les formes *le mien, le tien, le sien, etc.* (simplement rangées sous le titre *autre pronom*) est la trace de cette distinction, mais elle n'est désormais plus soutenue par une terminologie. Les pronoms absolus de Restaut[9] (avec ou sans interrogation : « *Qui vous a accusé ? Je sais qui vous a accusé.* » [Restaut 1758 : 37]) est, elle aussi, simplifiée pour devenir chez Lhomond la catégorie des pronoms interrogatifs. Lhomond supprime également les pronoms *quoi* et *lequel* de la liste des interrogatifs (*qui, que, quel*) ou ne consigne pas le subjonctif imparfait figé dans les pronoms indéfinis *qui/quoi que ce fût* (Restaut 1753 : 40), mais simplement les formes *qui/quoi que ce soit* (Lhomond 1790 : 24). Il rétablit aussi l'indicatif dans *toute belle que soit la campagne* (Restaut 1753 : 40) : *la campagne toute belle qu'elle est* (Lhomond 1790 : 24).

Lhomond s'est enfin écarté de son modèle à deux égards. D'abord, le pronom *on* ne figure plus parmi les pronoms personnels, mais est désormais rangé dans les indéfinis (comme Gaullyer 1722 et Wailly 1773), alors que Lhomond suit strictement l'Abrégé de Restaut dans les listes qu'il fournit. Ensuite, l'auteur des EGF a choisi de s'inspirer, selon toute vraisemblance, du classement de Gaullyer (1722), qui est le seul au sein du corpus compulsé à distinguer – sans explication

---

8   « Ce sont des pronoms qui se mettent ordinairement pour les cas des pronoms personnels. » (Restaut 1753 : 23). Ainsi, *me, te, lui, leur,* etc. Il n'est par ailleurs pas étonnant que Lhomond ait choisi de supprimer cette catégorie puisqu'il ne reconnaît plus l'existence de cas et de déclinaisons en français.
9   Mais aussi de Wailly (1773 : 22).

– les pronoms substantifs des pronoms adjectifs[10]. Lhomond répartit ainsi les pronoms en personnels, adjectifs (possessifs, démonstratifs, relatifs, interrogatifs) et indéfinis. Hormis le regroupement en adjectifs et l'absence des conjonctifs, Lhomond suit Restaut.

5.6. Le verbe

Lhomond entame ce chapitre avec une définition du verbe moins abstraite que ce qu'en proposent les autres grammairiens, Restaut en premier. Exceptionnellement, Lhomond semble s'être reposé sur Buffier et Wailly alors que le déroulement de ce chapitre se fait chez Lhomond de manière très semblable aux deux ouvrages de Restaut. Lhomond a en revanche beaucoup élagué. L'organisation des contenus doit cependant plus aux Principes qu'à l'Abrégé. En effet, l'Abrégé relègue à un chapitre d'observations placé après toutes les parties du discours les considérations portant sur l'accord du verbe avec son sujet et les verbes irréguliers alors que ces notions sont intégrées au sein même du chapitre du verbe dans les Principes. Or c'est ce second choix d'organisation que reprend Lhomond, alors qu'il propose, lui aussi, un chapitre de remarques placé après le passage en revue de toutes les parties du discours. Comme dans l'Abrégé de Restaut, Wailly retarde ces notions après les divers chapitres consacrés aux parties du discours, et ce, dans ses deux ouvrages. Chez Wailly cependant, les notions sont regroupées dans une vaste section consacrée à la syntaxe, qui envisage entre autres l'accord du verbe, mais aussi les différents régimes des verbes.

Les similitudes entre Lhomond et les deux grammaires de Restaut se succèdent tout au long du chapitre du verbe : des contenus sont un peu reformulés[11]. Tantôt des exemples permettant d'expliquer les mêmes notions grammaticales sont repris tels quels. Citons, entre autres, *j'ai eu la fievre aujourd'hui* (Lhomond 1790 : 27 ; Restaut

---

10 Les pronoms adjectifs se trouvent dans la grammaire latine. Par exemple, dans Lancelot (1698) ou Goulier (1773), et même Lhomond (1779).
11 « D. Quels temps forme-t-on du participe passif ? R. On en forme tous les temps composés, en y ajoutant les temps simples du verbe auxiliaire *avoir* ou *être*. » (Restaut 1753 : 64) devient « « Du participe passé on forme tous les temps composés (de deux mots), en y joignant les temps des verbes auxiliaires *avoir, être* » (Lhomond 1790 : 43).

1753 : 68 ; Restaut 1758 : 209) ou le verbe *repentir* comme modèle des verbes réfléchis. Tantôt des exemples de Restaut sont adaptés, comme ici : *Vous & mon frere avez été les plus sages* (Restaut 1758 : 205), devenu *Vous & votre frere vous lisez* (Lhomond 1790 : 48). Les verbes modèles des quatre conjugaisons reproduisent les choix de Restaut, choix qui traversent une partie du corpus, mais qui sont souvent éloignés de ceux faits par Wailly. Une fois de plus, certaines sections de Lhomond sont redevables aux Principes de Restaut, et non à son Abrégé. On citera notamment les exceptions dans les temps primitifs, le formatage des contenus en paragraphes numérotés au moyen de chiffres romains toujours dans les temps primitifs, le tableau de conjugaison des verbes irréguliers.

La comparaison du matériau textuel permet également de mettre en lumière l'effort de transposition pédagogique que Lhomond applique aux contenus de Restaut. Ainsi, il sépare le *nous* du *vous* dans la formation de l'indicatif présent à partir du participe présent, ce qui lui permet de regrouper des exceptions de même type (*vous faites, vous dites*). Le tableau de conjugaison des verbes irréguliers est plus accessible chez Lhomond grâce à des titres de colonnes où sont repris les noms des temps, et non des chiffres comme chez Restaut. La règle de formation du passif est plus fluide, les termes de déclinaison ont été supprimés. Ainsi, Lhomond ne s'embarrasse pas de terminologie lorsqu'il écrit « ce passif se forme [...] en ajoutant après le verbe le mot *par* ou *de* » (Lhomond 1790 : 49), là où Restaut disait « Quel est le régime du verbe passif ? C'est toujours un ablatif, ou *par* avec un accusatif » (Restaut 1758 : 289).

Lhomond retouche aussi les tests phares de Restaut. Il s'agit des questions *qu'est-ce qui,* permettant d'identifier le sujet (uniquement dans l'Abrégé), verbe suivi de *qui* ou *quoi* pour identifier le régime (dans l'Abrégé et les Principes), devenues respectivement dans les *Elémens* de Lhomond *qui est-ce qui ?* et *qu'est-ce que ?* Les tests présentent désormais chez Lhomond des mots interrogatifs avant le verbe. Les extraits ci-dessous permettent de constater à quel point Lhomond entremêle les deux ouvrages de Restaut lorsqu'il rédige.

D. Comment trouve-t-on le nominatif d'un verbe [...] ? R. En mettant *qu'est-ce qui* avant le verbe, la reponse fera trouver le nom que l'on cherche. (Restaut 1753 : 121)
On trouve le nominatif en mettant *qui est-ce qui ?* devant le verbe. La réponse à cette question indique le nominatif. (Lhomond 1790 : 47)
On trouve le régime absolu d'un verbe actif ou d'une préposition qui gouverne l'accusatif en mettant *quoi* ou *qui* en interrogation après le verbe ou la préposition. (Restaut 1753 : 126)
Un verbe se rapporte ou se termine directement à un nom, quand ce nom peut répondre à la question *qui ?* ou *quoi ?* comme dans ces exemples, *j'aime, qui ? j'aime mon frere. J'étudie, quoi ? j'étudie la Grammaire.* (Restaut 1758 : 274)
On connoît le régime en faisant la question *qu'est-ce que ?* Exemple. *Qu'est-ce que j'aime ?* Réponse. *Dieu. Dieu* est le régime du verbe *j'aime.* (Lhomond 1790 : 48)

Lhomond transpose des contenus de Restaut et extrait ce qui lui semble essentiel. Il simplifie, resserre.

L'influence de Wailly est nettement moins importante. D'ailleurs il faut savoir que Wailly a lui-même fortement puisé dans les ouvrages de Restaut, mais on retrouve souvent pour les mêmes contenus une formulation chez Lhomond qui reste plus proche de celle de Restaut. On peut toutefois identifier quelques éléments d'emprunt à Wailly : Lhomond lui reprend dans les temps primitifs le procédé de formation du futur (changer *r* ou *re* en *rai*) et la liste des verbes neutres. Lhomond puise surtout dans Wailly les contenus de ses remarques sur les verbes. Ainsi sur les six éléments présentés aux pages 77 à 79, Lhomond s'est clairement inspiré de Wailly dans ses Principes (inversion du sujet en interrogation, en incise, après *tel* et *ainsi*), mais probablement aussi pour les remarques sur la concordance au subjonctif et l'usage du prétérit défini.

Certaines dénominations de temps fluctuant encore au XVIIIe siècle, quelques choix faits par Lhomond doivent être mis en évidence, en particulier lorsqu'est retenue l'option de ne pas suivre la terminologie de Wailly mais plutôt celle de Restaut[12]. Cela se

---

12 La terminologie de Restaut ne lui est pas propre, elle est utilisée par d'autres grammairiens. C'est le cas du *subjonctif prétérit* et de *l'infinitif prétérit*. Parfois cependant, le choix de la dénomination est plus clivant : en dehors de

produit pour le prétérit défini (*j'eus*), le futur (*j'aurai*), le futur passé (*j'aurai eu*), le subjonctif prétérit (*que j'aie eu*) et l'infinitif prétérit (*avoir eu*). Lorsque Lhomond (*eu*, participe passé) ne suit pas Restaut (*eu*, participe passif présent), il s'affranchit aussi de Wailly (*eu*, participe) et opte pour une dénomination déjà utilisée par Régnier-Desmarais (1705). Il semble aussi être le seul à proposer un participe futur (*devant avoir*), aux côtés des participes présent et passé.

On relèvera enfin ce qui apparaît presque comme une innovation de Lhomond. Alors que les grammairiens du corpus consulté ne donnent que quatre modes (indicatif, subjonctif, impératif, infinitif), Lhomond ajoute le conditionnel[13] et compte ainsi cinq modes. Et ce, en toute discrétion. En effet, il ne propose aucune justification à cet écart par rapport à la tradition. On rappellera toutefois que Port-Royal avait déjà souligné l'existence du mode optatif en français.

> Quelques langues, comme la Grecque, ont inventé des inflexions particulieres pour cela ; ce qui a donné lieu aux Grammairiens de les appeler le Mode Optatif. Et il y en a dans nostre Langue, & dans L'Espagnole & l'Italienne, qui s'y peuvent rapporter […]. Mais en Latin les mesmes inflexions servent pour le subjonctif et pour l'optatif. Et c'est pourquoy on fait fort bien de retrancher ce mode des conjugaisons latines. (Arnauld & Lancelot 1676 : 113-114)

6. Conclusion

L'analyse comparative menée a permis de confirmer que, malgré ce que semble dire Lhomond dans sa préface, celui-ci s'est inspiré de ses prédécesseurs. Il doit beaucoup à Restaut (que l'on devine souvent en filigrane), et un peu moins à Wailly. Il a emprunté tantôt à l'un, tantôt à l'autre, l'ordonnancement de la matière, des formulations ou encore des exemples. Assez étonnamment, si Lhomond s'est servi de l'Abrégé de Restaut (ou de Wailly), qu'il

---

Restaut, *prétérit défini* n'est employé que par Beauzée (1767), les autres grammairiens utilisant *aoriste* (Vallart 1744, Girard 1747) ou *prétérit indéfini* (Régnier-Desmarais 1705, Gaullyer 1722).

13 Les autres grammairiens le traitent comme un temps de l'indicatif.

a encore élagué, il a puisé des ajouts dans les Principes de Restaut, mais aussi de Wailly. Il a réussi à proposer des reformulations plus pédagogiques à certains égards. Il n'a pas hésité non plus à s'écarter de ses modèles sur des points qui, avec le recul, ne sont pas anodins : l'adjectif comme partie du discours, le conditionnel comme mode ou encore le test pour trouver le régime d'un verbe.

Bibliographie

Arnauld, A., C. Lancelot, (1660), *Grammaire générale & raisonnée* (Paris : Piette Le Petit).
Beauzée, N., (1767), *Grammaire générale* (Paris : Barbou).
Buffier, C., (1709), *Grammaire françoise sur un plan nouveau* (Paris : Nicolas Le Clerc).
Chervel, A., (1992), *L'enseignement du français à l'école primaire. Textes officiels* (Paris : INRP/Economica).
Chervel, A., (1977), *Et il fallut apprendre à écrire à tous les petits Français* (Paris : Payot).
———, (2006), *Histoire de l'enseignement du français du XVIIe au XXe siècle* (Paris : Retz).
Colombat, B., J.-M. Fournier, Ch. Puech, (2010), *Histoire des idées sur le langage et les langues* (Paris : Klincksieck).
d'Olivet, P. J., (1767), *Remarques sur la langue françoise* (Paris : Barbou).
Domergue, U., (1778), *Grammaire françoise simplifiée* (Lyon : l'auteur).
Fournier, J.-M., (1998), Restaut. *Corpus CTLF* [En ligne : http ://ctlf.ens-lyon.fr/n_fiche.asp ?n=316].
Gaullyer, D., (1722), *Abrégé de la grammaire françoise* (Paris : Jean Baptiste Brocas).
Girard, G., (1747), *Les vrais principes de la Langue Françoise* (Paris : Le Breton).
Goulier, M., (1773), *Grammaire latine avec des dissertations sur la syntaxe* (Paris : Didot).
Julien, J., (1998), *Wailly. Corpus CTLF* [En ligne : http ://ctlf.ens-lyon.fr/n_fiche.asp ?n=289].
Lhomond, Ch.-F., (1781 [1779]), *Élémens de la grammaire latine* (Paris : Colas).
Lhomond, Ch.-F., (1790 [1780]), *Élémens de la grammaire françoise* (Paris : Colas).
Piron, S. (2020), 'Aux sources de la grammaire scolaire de Lhomond', in *CMLF 2020 - Septième Congrès mondial de linguistique française*, éd. par F. Neveu, B. Harmegnies, L. Hriba, S. Prévost, A. Steuckardt, SHS Web Conferences, vol. 78 : article 04005 (https ://doi.org/10.1051/shsconf/20207804005).
Piron, S., (2022a), 'Stylométrie des 'Elémens de la grammaire françoise' (1780)

ou comment Lhomond a supplanté ses prédécesseurs', in *JADT 2022 : Proceedings of the 16th international conference on statistical analysis of textual data* (Naples, Italy – July 06-08, 2022), ed. by M. Misuraca, G. Scepi, and M. Spano, vol. 1, 699-707.

Piron, S., (2022b), 'Le nom chez Lhomond : miscellanées de Restaut et Wailly', in *CMLF 2022 - Huitième Congrès mondial de linguistique française*. éd. par F. Neveu, S. Prévost, A. Steuckardt, G. Bergounioux, B. Hamma, SHS Web of Conferences, vol. 138 : article 03004 (https ://doi.org/10.1051/shsconf/202213803004).

Régnier-Desmarais, abbé, (1705), *Traité de la grammaire françoise*, (Paris : Jean Baptiste Coignard).

Restaut, P., (1753 [1732]), *Abrégé des principes de la grammaire françoise* (Paris : Lottin).

——, (1758 [1730]), *Principes généraux et raisonnés de la grammaire françoise* (Paris : Desaint).

Vallart, J., (1744), *Grammaire françoise* (Paris : Desaint et Saillant).

Wailly, N.-F. de, (1772 [1754]), *Principes generaux et particuliers de la langue française* (Paris : Barbou).

——, (1773 [1759]), *Abrégé de la grammaire françoise,* (Paris : Barbou).

Martin Konvička
GRAMMATICALISATION, GRAMMATICISATION, GRAMMATISATION, GRAMMATION OR THE MOTIVATIONS BEHIND LINGUISTIC TERMINOLOGY*

Abstract: This paper investigates the various motivations, be they theoretical or non-theoretical, behind linguistic terminology, illustrated on the subfield of grammaticalisation studies. Beginning with the introduction of the original and now dominant term *grammaticalisation* by Antoine Meillet in 1912, I track the terminological alternatives *grammaticisation, grammatisation*, and *grammation* and discuss the reasons why they were proposed. I show that although oftentimes a new term is coined to capture a new concept, a new term is also sometimes introduced for reasons of subjective aesthetics, perceived practicality or avoidance of terminological overlaps with neighbouring disciplines.

Keywords: terminology, grammaticalisation, grammaticisation, grammatisation, grammation

1. *Grammaticalisation*

Grammaticalisation studies is a well-established subfield of (historical) linguistics that looks back on more than a century of development (see, e.g. Heine & Narrog 2011; Hopper & Traugott 1993; 2003; Heine & Kuteva 2004; Heine, Claudi & Hünnemeyer 1991; Lehmann 1982; 2015). The French linguist Antoine

---

* I am grateful to Joan Bybee and Bernd Heine for their willingness to discuss questions regarding the changing terminology in grammaticalisation studies with me. I would furthermore also like to thank Natasha Janzen Ulbricht, the editors as well as the anonymous reviewers for their helpful comments. All remaining errors and shortcomings are, of course, exclusively my own responsibility.

Meillet (1866-1936) is traditionally regarded as the founding father of the discipline because it was he who introduced the term *grammaticalisation* (1912: 133). The idea behind the term, however, is much older (see, e.g. Lehmann 1982; Heine, Claudi & Hünnemeyer 1991: 5–11; 2015: 1–9; Hopper & Traugott 1993; 2003: 19–38; McElvenny 2016).

Grammaticalisation, according to Meillet (1912: 131), is a process that leads to "l'attribution du caractère grammaticale à un mot jadis autonome".[1] In other words, grammaticalisation is a process that leads from a lexical expression to an expression with a grammatical function. A textbook example is the development of the English motion verb *to go*, in its progressive form *to be going to*, from a fully lexical verb (1a) to a purposive auxiliary verb *to be going to* (1b) or its reduced variant *gonna* (1c) (Hopper & Traugott 2003: 1).

1a. Jane Marple is going to Chipping Cleghorn.
b. Jane Marple is going to help inspector Craddock.
c. Jane Marple's gonna solve the case.

Meillet's original definition of grammaticalisation has undergone several changes since its introduction. These adjustments have ultimately caused changes in the scope of grammaticalisation studies. Moreover, the rise of structuralist linguistics after the First World War was paired with receding interest in questions concerning grammaticalisation (Lehmann 2015: 6). Grammaticalisation was consequently studied for several decades mainly in the context of Indo-European historical linguistics (e.g. Tauli 1958: 8).

One of the early major milestones in the history of grammaticalisation studies represents the work of Jerzy Kuryłowicz (1964; 1965: 69), an Indo-Europeanist, who introduced the controversial idea (for a critique see von Mengden 2016) that not only can a lexical expression become grammatical, as suggested already by Meillet, but also that already grammatical expressions can become even more grammatical. These two parts of the grammaticalisation

---

1   In the English translation by Hopper (1991: 131): „the attribution of grammatical character to a previously autonomous word".

process are sometimes also referred to as *primary* and *secondary grammaticalisation* respectively (e.g. Traugott 2002). It was, however, not until the 1970s (e.g. Givón 1971; 1979) and 1980s (e.g. Lehmann 1982; Heine & Reh 1982; 1984) that grammaticalisation became a lively debated topic in linguistics. This golden age of grammaticalisation studies lasted until the 1990s (e.g. Traugott & Heine 1991a; 1991b) and 2000s (e.g. Wischer & Diewald 2002; Fischer, Norde & Perridon 2004; Lopéz-Couso & Seoane 2008). Although grammaticalisation research is past its zenith in the 2020s, the subfield remains an essential part of, not only historical, linguistics.

Many controversially discussed topics surrounding grammaticalisation have emerged over this time such as the question of unidirectionality of grammaticalisation processes (e.g. Börjars & Vincent 2011) or the status of degrammaticalisation (Norde 2009). Sometimes even the essence of grammaticalisation as a phenomenon in its own right was debated (e.g. Newmeyer 2001; Campbell 2001; Joseph 2011; von Mengden & Simon 2014). One aspect of the history of grammaticalisation studies that has so far not been sufficiently analysed, however, is the development of the terminological apparatus surrounding grammaticalisation.

Early on, Lehmann (1982: 9–11) expressed his concerns about the aptness of the term *grammaticalisation*. As the word formation pattern by means of which the term is formed suggests, *grammaticalisation* refers to a process by which something becomes *grammatical*. The problem is, as Lehmann noted, that the expression *grammatical* is ambiguous between the meaning 'belonging to the grammar, not to the lexicon of a language' and the meaning 'according to the rules of grammar'. Consequently, the related term *grammaticality* or its alternative *grammaticalness* (Chomsky 1964; 1975) is ambiguous as well. It can either mean 'state of not being lexical' or 'state of being grammatically well-formed'.

As a solution, Lehmann (1982: 9) considered using the term *grammaticisation* to refer solely to the process described by Meillet. The quality of the expression that has undergone grammaticisation can then, following the same logic, be termed *grammaticity* to distinguish it from *grammaticality* (or *grammaticalness*) with the meaning 'grammatically well-formed'. The unwanted consequence of this terminological distinction, however, would be that the term *grammatic* would have to be used instead of *grammatical* in the meaning of 'belonging to the grammar of a language' (Lehmann 1982: 10). However, despite his doubts, Lehmann ultimately decides not to break with established terminological traditions and embraces the ambiguity of the terminology.

Not all scholars, however, were as committed to the original terminology and for various reasons decided for a terminological alternative. As the editors of the two volumes *Approaches to Grammaticalization* (1991a; 1991b), Elizabeth Closs Traugott and Bernd Heine (1991a: 1), write "[s]ome authors prefer "grammaticization" or even "grammatisation" to "grammaticalization". Unlike others, however, Traugott and Heine (1991a: 2) "have not imposed uniform terminology on the contributors". Finally, it should be noted that scholars sometimes use different terms at different points in their scientific careers and that earlier terminological choices can be revisited.

In what follows, I will map and describe the different kinds of motivation that have led to this terminological plurality within grammaticalisation studies and provide an explanation as to why this diversity has mostly disappeared. To this end, the present study is structured as follows: In Section 2, I provide an overview of the terminological diversity in grammaticalisation studies. I first explore the theoretical considerations behind the terminological choices in Section 3 and in Section 4 I analyse the cases where no theoretical motivation can be found. Finally, Section 5 offers a summary of my findings and conclusions.

2. Grammaticalisation, grammaticisation, grammatisation, and grammation

Many different terms have been introduced to capture the various aspects of grammaticalisation processes including *antigrammaticalisation* (Haspelmath 2004), *degrammaticalisation* (Norde 2009), *obligatorification* (Lehmann 1982: 139) or *grammaticalisation clines* (see Konvička 2019 for an overview). To analyse the different kinds of motivation behind all of them would, unfortunately, greatly exceed the scope of the present contribution. I will therefore limit myself in what follows to four terminological variants listed in (2) referring to the general concept of grammaticalisation as introduced by Meillet (1912) and later adapted by Kuryłowicz (1965).[2]

    2a.   grammaticalisation (e.g. Meillet 1912)
      b.   grammaticisation (e.g. Bybee, Perkins & Pagliuca 1994)
      c.   grammatisation (e.g. Matisoff 1991)
      d.   grammation (e.g. Andersen 2006)

Against this backdrop, the research question of my paper is twofold. First, what is the theoretical motivation behind the terminological alternatives in (2)? Second, if the variant terms are not motivated theoretically, what are the reasons for their introduction?

Although all four terminological variants are equally valid, they are not all equally frequent. As a way to approximate how often the four terms are used, I have conducted two surveys. First, I have used the Google Scholar database to arrive at the number of works that use the individual terms. Second, I have used the Google Ngram database to see their usage frequencies over time.

The estimate of the absolute numbers for all the variants based on a Google Scholar search[3] are given in Table 1. In addition to the four terms in (2), I have included both the American spelling and the British one. First, it is not surprising that the spelling variant with

---

2   The British spelling variants with an <s> and the American spelling variants with a <z> are not considered to be separate terminological variants and are therefore not further considered. By the same token, equivalent terms in different languages such as German *Grammatikalisierung* 'grammaticalisation', *Grammatisierung* 'grammatisation' or Czech *gramatikalizace* 'grammaticalisation' are also not considered to be separate terms.
3   The search was conducted on November 5, 2023. The query asked for the respective terminological variants and the search results were limited only to those in English. An unspecified number of false positives, however, could not have been prevented and could not have been manually corrected afterwards. Their number was particularly high in the case of *grammation* which overlaps with the terminology in other disciplines (see Section 4).

<z> is more common. Second, the longest (and oldest) variant is also the most frequent one. Third, the most frequently used alternative to *grammaticalisation* is *grammaticisation*.

Term variant	Number of hits
Grammaticalization	53.000
Grammaticalisation	12.500
Grammaticization	22.800
Grammaticisation	469
Grammatization	1.430
Grammatisation	608
Grammation	894

Table 1: Absolute number of uses of the individual terminological variants according to Google Scholar

However, the figures reported in Table 1 offer only a static snapshot. In order to establish how the usage of the individual variants developed in relation to each other over time, I conducted a second survey using the Google Ngram viewer, based on the Google Books collection.[4]

Figure 1 shows the development throughout the whole period covered by the Ngram search, from the year 1970 until the year 2000, the time when the scholarly interest in empirical and theoretical issues concerning grammaticalisation was at its height. Throughout this period, the form *grammaticalisation* remained the standard term, while both alternative terms retained their more or

---

[4] The search was conducted on November 5, 2023, using the English (2019) Google Books corpus with the query having the following form which combined the spelling variants with <s> and <z>: (grammaticalization+grammaticalisation),(grammaticization+grammaticisation),(grammatization+grammatisation). The term *grammation* was not included in the search for two reasons. First, it was introduced only in the 2000s (Andersen 2006) and at that time Meillet's original variant was too dominant for the comparison to be meaningful. Second, the term *grammation* would have also delivered a number of false positives because of the use of the term outside of linguistics (see Section 4).

less peripheral position. The standard term has, however, become even more dominant with time.

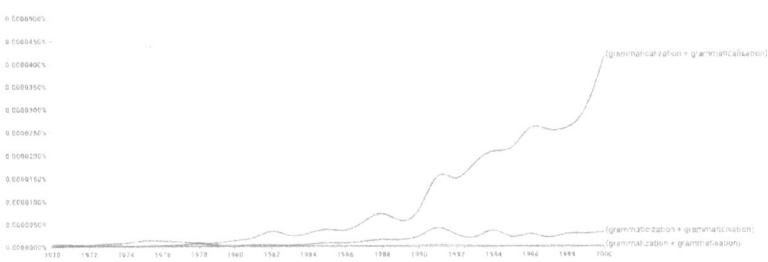

Figure 1: Google Ngram frequencies between 1970 and 2000 for all variants in English (2019)

More detailed results for the individual decades are given in the figures below: the 1970s (Figure 2), 1980s (Figure 3), and the 1990s (Figure 4).

Despite the general dominance of the term *grammaticalisation*, a rise in the use of its alternative *grammaticisation* can be noted around the year 1978. Similarly, a trend in favour of the shorter term *grammaticisation* at the end of the 1980s can be observed. This development reached its peak in the year 1991. A potential explanation can be the publication of the two edited volumes of *Approaches to Grammaticalization* (Traugott & Heine 1991a; 1991b) that, as has been reported in Section 1, did not enforce uniform terminology on the authors of the individual papers.

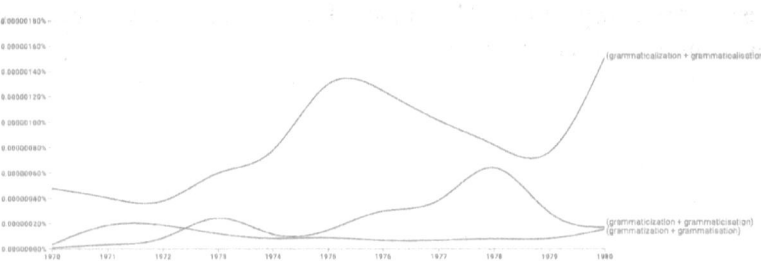

Figure 2: Ngram frequencies between 1970 and 1980
for all variants in English (2019)

Figure 3: Ngram frequencies between 1980 and 1990
for all variants in English (2019)

Figure 4: Ngram frequencies between 1990 and 2000
for all variants in English (2019)

The point of discussing the relative frequencies of the terms is not to present precise statistics about the changing terminology in grammaticalisation studies. The chosen method would be too coarse for this purpose anyway. The metadata used in Google Books, the basis for Google Ngrams, and in Google Scholar do not allow one to, for example, precisely identify the tipping points in terminological preferences. The data provided by the method can nevertheless serve as an illustration of the fact that the alternative terms were not as marginal as today's situation might suggest, but that they were serious competitors at one point. Nowadays, the terminological monopoly of *grammaticalisation* seems to be undisputed, as illustrated by Figure 1. However, in the course of the 1970s (Figure 2) and 1980s (Figure 3) particularly the term *grammaticisation* was in a very different position.

3. *Theoretical reasons*

Although grammaticalisation is primarily a diachronic process, along the lines of Meillet's definition discussed in Section 1, it also has a synchronic component. Grammaticalisation, as previously mentioned, is the process whereby a lexical expression becomes grammatical. At the same time, however, grammaticalisation also refers to the outcome of such a process. If an expression undergoes the process of grammaticalisation, it eventually reaches the status of being grammaticalised. In other words, grammaticalisation is at the same time a process as well as its outcome. In order to overcome this polysemy, some scholars (see, e.g. Traugott & Heine 1991a: 1; Hopper 1991: 35) have suggested to terminologically distinguish the diachronic aspect (3a) of grammaticalisation from its synchronic effects (3b).

    3a.   grammaticalisation – 'process leading from lexical to grammatical status'
    b.   grammaticisation – 'the result of (3a)'

Using the terminological distinction in (3), it is possible to unambiguously refer to the fact that an expression such as the verb *go* in English has undergone grammaticalisation and at the same time state that English has a grammaticised future construction *be going to* V.

The distinction between (3a) and (3b) furthermore entails another conceptual distinction concerning the object of grammaticalisation. The view of grammaticalisation as a process (3a) pertains to the expression undergoing this process, for example the motion verb *to be going to*. The view of grammaticalisation as a synchronic description (3b), on the other hand, pertains to the whole grammatical system of a language. In this case, it is not the expression, but the language system that has a grammaticalised future construction.

The principle behind the distinction between a processual, diachronic aspect of grammaticalisation and its resultative, synchronic counterpart is not limited only to grammaticalisation. The terminological pair *diachronic* and *synchronic lexicalisation* (Hohenhaus 2005) is also motivated by the desire to distinguish the process leading to a state from that state itself. Diachronic lexicalisation refers, for instance, to the process whereby the adjective *halig* 'holy' together with the noun *dæg* 'day' in Old English develop into the Present-Day English noun *holiday* 'a period of leisure'. From a synchronic perspective, we can say that the meaning 'someone who steals' is lexicalised as *thief* and not as *stealer* in Present-Day English.

In the foreword of the first edition of their textbook *Grammaticalization* (1993), Hopper and Traugott furthermore describe a similar, yet different theoretical distinction linked to the terminological pair of *grammaticalisation* and *grammaticisation*:

> Some linguists have told us that they avoid the longer term because "grammaticalization" could be understood as "entering the grammar of a language," i.e., becoming "grammatical". "Grammaticization", by contrast, suggests a process whereby a form may become fixed and constrained without committing the linguist to a view of "grammar" as a fixed, bounded entity. (Hopper & Traugott 1993: xv–xvi)

In this case, the terminological distinction does not have so much to do with the process of grammaticalisation itself, but with the way grammar as the target of the process is conceptualised: either as fixed set of rules (4a) or not (4b).

4a. grammaticalisation – implies grammar as a fixed entity with sharp boundaries
b. grammaticisation – implies grammar as a fuzzy entity without sharp boundaries

A completely different terminological distinction has been put forward in order to distinguish the functional from the formal aspects of grammaticalisation (Andersen 2006). While it is true that changes in form of an expression often go hand in hand with changes in its function, as represented prototypically by the well-known parametric model (Lehmann 1982; 2015), functional changes can also occur without any accompanying formal changes and vice versa (for a discussion see Konvička 2020).

As a way to do justice to the mutual independence of form and function, Andersen (2006: 232–233) terminologically singles out the functional changes in grammaticalisation (5). He suggests using the term *grammation* to refer to a change from a lexical expression to a grammatical expression (5a), the term *regrammation* to refer to a change of the grammatical function of an already grammatical expression (5b), and finally the term *degrammation* to refer to a change that leads to the loss of a grammatical function of an expression (5c).

5a. grammation
b. regrammation
c. degrammation

This terminological distinction is inspired (see Andersen 2006: 233) by Roman Jakobson's (1931) terminological trio of *phonologisation* (*Phonologisierung* in German), a term referring to the development of a phonemic status (1931: 250), *rephonologisation* (*Umphonologisierung* in German), a term for the change of phonemic status (1931: 255), and finally the term *dephonologisation* (*Entphonologiesirung* in German), a term referring to the loss of phonemic status (1931: 252).

The terminological discussion so far show how novel terms are motivated by novel meanings, as is the case with the alternatives to *grammaticalisation* – namely *grammaticisation* and *grammation*.

The former term *grammaticisation* was used in two slightly different ways. Either to highlight the synchronic outcome of the diachronic process of grammaticalisation (6ai) or to highlight the changing nature of grammar as the target of grammaticalisation processes (6aii). The latter term *grammation*, on the other hand, has been introduced to conceptually disassociate the functional changes during a grammaticalisation process (6b) from formal changes that often, although not always, go hand in hand.

    6a.   *grammaticisation* as distinct from *grammaticalisation*
           i. *grammaticisation* as the synchronic outcome of grammaticalisation
           ii. *grammaticisation* as implying a less fixed nature of grammar
    b.   *grammation* as a component part of *grammaticalisation*

As I will show in the following section, however, novel terminology is not always motivated by the need to designate a novel concept. Sometimes, novel terminology is used as a way for scholars to express their subjective preferences.

4. Non-theoretical reasons

Amongst the non-theoretical reasons behind the choice of terminology connected to grammaticalisation studies are personal impressions regarding the aesthetics and ease of pronunciation.

Probably the most explicit illustration of this principle is offered in the following quote by Matisoff (1991: 383):

> The term *grammaticalization*, despite its heptasyllabic cacophony (the more concise *grammaticization*, or even *grammatization* would be preferable) represents one of the most important phenomena in diachronic linguistics.

The criterion for preferring the hexasyllabic term *grammaticisation* or even more so the pentasyllabic term *grammatisation* as alternatives to Meillet's original heptasyllabic *grammaticalisation* is obviously the length of the term, expressed in the number of syllables. Why five or six syllables should be less cacophonic than seven syllables, however, is not further explained. Matisoff's terminological preference can be summarised as "the shorter, the better, the less cacophonic". Following this logic, Bernd Heine, as reported by Joan Bybee (p.c.), once jokingly suggested that the optimal term would in fact be the disyllabic *gramtion*. Following similar aesthetic principles, Bybee, Perkins and Pagliuca (1994: 4) explain their choice of an alternative to *grammaticalisation* as follows:

> Since the recent revival of interest in grammaticisation in the early 1970s, two terms—grammaticalization and grammaticization—have been used, usually interchangeably. When we began the current work in 1983, both terms were in use and we settled on the shorter, more elegant of the two: grammaticization. Since that time the longer term has appeared in print more frequently than the shorter one. We nonetheless adhere to our original choice, without, however, feeling that an issue needs to be made of this choice between two perfectly adequate terms.

The passage is interesting for two reasons. Firstly, it once again illustrates the feeling that Meillet's original term is too long and therefore not as elegant as its shorter alternatives. Secondly, the quote stresses that the choice was, at least in this case, not underlined by any theoretical motifs since the longer as well as the shorter terms were used interchangeably.

A further subjective factor, apart from aesthetics, is the difficulty or conversely ease with which the terminological alternatives can be pronounced. To this end, Joan Bybee (p.c.) reports that the shorter term *grammaticisation* was perceived particularly by many non-native speakers of English as too difficult to pronounce. This became a problem in the 1990s as the attention of more and more scholars from all around the world started to be drawn to issues concerning grammaticalisation phenomena.

Another factor influencing the choice of terminology is peer pressure. This is illustrated by the commentary in the foreword of the first edition[5]

---

5   The second edition of the textbook published ten years later (Hopper & Traugott 2003) does not include the passage on terminology any more. This seems to indicate that by that time the terminological debates were over and

of Hopper and Traugott's textbook on grammaticalisation which I give here in full:

> A word about the choice of the term "grammaticalization". As we note in more detail in Chapter 2, the word seems to have been first used by Meillet (1912). In recent linguistics there is some variation between this word and the newer form "grammaticization". In adhering to the older form of the word, we do not intend any theoretical point other than to maintain a continuity of terminology. We believe that a terminology can and should survive quite radical changes in the ways the terms that comprise it are understood by successive generations of scholars. [...] [O]ur own choice does not reflect any particular theoretical position. We note that the titles of several recent major works contain the longer form "grammaticalization" (Hopper & Traugott 1993: xv–xvi)

The passage shows two important things about the role of peer pressure in the choice of terminology. The pressure from other scholars can be horizontal in nature, but also vertical. By horizontal, I mean the unifying pressure implicitly expressed by other contemporary scholars.[6] The bigger the group that decides to favour one term over another, the bigger the pressure on the reluctant dissidents. At the same time, scholars can also feel vertically pressured by scholars who are no longer active in the field. For grammaticalisation, a particularly important role plays the scholar responsible for coining *grammaticalisation* instead of any other potential form – Antoine Meillet.

The importance of staying loyal to a terminological tradition is also expressed by Lehmann (1982: 10) when he writes that "it seems paradoxical to give up a well-established 'grammaticalization' instead of the rare 'grammaticization'." Furthermore, we should not forget that the work on grammaticalisation did not exist in isolation and that terminological (dis)preferences could have been influenced

---

that the longer and original form *grammaticalisation* resumed its unquestioned position.

6   The usage of the majority of contributors has, for instance, led to the decision to use the longer form *grammaticalisation* instead of its shorter alternative *grammaticisation* in the title of the two edited volumes by Traugott and Heine (1991a; 1991b), as reported in the introduction of the first volume (1991a: 1–2).

by the derivational patterns of other linguistic terms containing {al} such as *lexic-al-isation, convention-al-isation* or *construction-al-isation*, to name just a few.

The final factor influencing the choice of linguistic terminology that I am going to address is the avoidance of terms already well-established in disciplines adjacent to linguistics. Unlike the previous factors of peer pressure and tradition, avoiding terminological overlap leads to terminological divergence, not convergence. In other words, if both term A and term B are available in linguistics, but term B is also simultaneously used in a related discipline, the scholar facing the choice between A and B, being aware of the terminological situation in the related discipline, might be rather inclined to choose term A over the overlapping term B.

One such term is *grammatisation*. While used occasionally in grammaticalisation research, the term is also used to refer to the process of creating grammar books and dictionaries for a speech community (Auroux 1992; 1994: 74–75; Balibar 1985: 178). The term is synonymous with grammar writing which means that it is, for instance, possible to compare the grammatisation dates of different languages (see, e.g. Bachmann 2005: 67–72). The term *grammatisation* in this sense is modelled after the term *alphabetisation* (Auroux 1994: 14) which analogically refers to the introduction of a script for a speech community. Consequently, it is likely that scholars familiar with the use of *grammatisation* in the sense mentioned above will not adopt *grammatisation* as an alternative to *grammaticalisation*.

A further example of a potential terminological overlap is the German term *Grammatisierung*, the equivalent of *grammatisation*. It is used to refer to the marking of grammatical structure of sentences or longer texts by separating individual words from each other using orthographic conventions such as capitalisation or punctuation (see, e.g. Günther 1998: 21). The process of grammatisation in this sense can pertain to the historical development of spelling on the level of whole languages, but also to the development of writing and reading skills in children.

At least two related factors, however, weaken the general role of the avoidance of terminological overlap. First, to be able to avoid a terminological overlap, the scholar needs to be aware of the possibility of such an overlap in the first place. Moreover, in cases of terminological borrowing from different disciplines, terminological overlap is unavoidable as examples such as *morphology* from botany, *exaptation* from evolutionary biology or *valency* from chemistry demonstrate. Second, linguistic borders can sometimes limit the possibility of a terminological overlap. The fact that Antoine Meillet coined the term *grammaticalisation* in French, does not automatically mean that the equivalent term in English, namely *grammaticalisation*, must be used as well. It might as well be the case that one term remains in one language, while another will be used for the same concept in a different language.

In sum, I have shown that although scholars sometimes do motivate their choice of terminology theoretically, theory and conceptual distinctions are not always decisive. For some scholars, for example, such purely subjective factors as the length of the term or ease of pronunciation can be essential (7a). Even though the shorter term was preferred over the longer one, this is not something that can be generalised further. For other scholars, subjective preferences, be they theoretical or not, can be overruled by the terminological choices of others. Either by the terminological preferences of the majority of contemporary scholars (7b) or by the terminological choice of a pivotal figure such as Antoine Meillet for grammaticalisation studies (7c). Finally, in some cases, individual scholars can (dis)prefer a given term to avoid terminological overlap with another discipline in which the term in question is already established (7d).

7a.		rule of subjective preference
	b.	rule of contemporary majority
	c.	rule of historical precedence
	d.	rule of overlap avoidance

It should finally be emphasised that the choice of terminology is probably more often than not the result of a combination of factors, not just the result of a single factor.

5. Summary and conclusions

It is generally acknowledged that the term *grammaticalisation* was introduced, in French, by Antoine Meillet in a paper published in 1912. This term has been borrowed into many other languages in a form structurally equivalent to the original coinage. This adaptation process has led, besides a plethora of others, to *Grammatikalisierung* in German, *gramatikalizace* in Czech, *grammaticalisatie* in Dutch, *grammaticalizzazione* in Italian, *грамматикализация* (translit. *grammatikalizatsya*) in Russian or *grammatikalizáció* in Hungarian.

During the revived interest in grammaticalisation research in the 1970s and 1980s, however, some scholars came up with new terminological proposals that were structurally distinct from Meillet's term, albeit related to its root. The most successful alternative was the term *grammaticisation* followed by its less wide-spread variants *grammatisation* and *grammation*. Against this backdrop, I investigated what motivated these new terms.

The first conclusion of the present paper is that some scholars consider particularly the doublet *grammaticalisation* and *grammaticisation*, and sometimes even the term *grammatisation*, as free variants. The so-called Law of Differentiation (Bréal 1897: 29), however, predicts that synonyms will not remain synonymous for long because speakers will tend to differentiate their meaning. Although Bréal's law was formulated as a description of semantic changes in regular speech, it can also be applied to linguistic metalanguage.

This leads me to the second conclusion of this article. For some scholars, the distinction between *grammaticalisation*, *grammaticisation*, *grammatisation*, and particularly *grammation* was not a matter of free variation, but a matter of conceptual differentiation. The doublet *grammaticalisation* and *grammaticisation* was by many seen to express the distinction between a diachronic view of grammaticalisation and its synchronic understanding, respectively. Alternatively (but not necessarily mutually exclusively), the same pair was also linked to two different approaches to the nature of grammar. Finally, the term *grammation* has been introduced in order to refer exclusively to the functional changes in grammaticalisation.

Not all terminological choices, however, are the results of theoretical and conceptual considerations, which is the third conclusion of this paper. Three types of non-theoretical motivation for (or against) a terminological choice have been identified.

First, linguistic terminology is motivated by subjective preferences of the individual scholars. In particular, the length of a term and its elegance was by some regarded as an important criterion leading to a preference for shorter variants. Second, and probably the most important, non-theoretical factor is the majority rule. Terminology is sometimes chosen under the influence of peer pressure and sometimes under the influence of earlier conventions. In both cases, the reason for preferring one term to another is conformity. Third, a term available to use in linguistics is simultaneously in use, with a different meaning, in an adjacent discipline. Linguists might in such a case avoid using the overlapping term and choose a different one.

If we only look at the beginning and the end, grammaticalisation studies started out in 1912 with a single term *grammaticalisation* and the contemporary literature on grammaticalisation has mostly returned to the same single term. In between, however, in the perhaps most fruitful time for grammaticalisation studies that started in the mid-1970s and lasted until the mid-1990s, alternative terms emerged and with them also the possibility to explicitly discuss their advantages and disadvantages. Having highlighted this, I hope to have generally contributed to a better understanding of the mechanisms responsible for the development of linguistic terminology in general, while at the same time I hope to have shed new light on one specific aspect of grammaticalisation studies in particular.

6. *List of references*

Andersen, H., (2006), 'Grammation, regrammation, and degrammation : Tense loss in Russian', *Diachronica*, 2, 231–258.

Auroux, S., (1992), 'Introduction. Le processus de grammatisation et ses enjeux', in *Historie des idées linguistiques. Tome 2 : Le dévelopement de la grammaire occidentale*, éd. par S. Auroux, 11–64 (Liège : Mardaga).

——, (1994), *La révolution technologique de la grammatisation : Introduction*

à *l'histoire des sciences du langage* (Liège : Mardaga).
Bachmann, I., (2005), *Die Sprachwerdung des Kreolischen. Eine diskursanalytische Untersuchung am Beispiel des Papiamentus* (Tübingen : Narr Francke Attempto).
Balibar, R., (1985), *L'institution du français. Essai sur le colinguisme des Carolingiens à la République* (Paris : Presses Universitaires de France).
Börjars, K., N. Vincent, (2011), 'Grammaticalization and directionality', in *The Oxford Handbook of Grammaticalization*, ed. by B. Heine, H. Narrog, 163–177 (Oxford : Oxford University Press).
Bréal, M., (1897), *Essai de sémantique* (Paris : Hachette).
Bybee, J., R. Perkins, W. Pagliuca, (1994), *The Evolution of Grammar. Tense, Aspect, and Modality in the Languages of the World* (Chicago, IL : University of Chicago Press).
Campbell, L., (2001), 'What's wrong with grammaticalization ?', *Language Sciences*, 23(2-3), 113–161.
Chomsky, N., (1964), 'Degrees of grammaticalness', in *The Structure of Language. Readings in the Philosophy of Language*, ed. by J. A. Fodor, J. J. Katz, 384–389 (Englewood Cliffs, NJ : Prentice-Hall).
—, (1975), 'Grammaticalness', in *The Logical Structure of Linguistic Theory*, ed. by N. Chomsky, 129–155 (New York, NY : Plenum Press).
Fischer, O., M. Norde, H. Perridon, eds., (2004), *Up and Down the Cline. The Nature of Grammaticalization* (Amsterdam : John Benjamins).
Givón, T., (1971), 'Historical syntax and synchronic morphology : An archaeologist's field trip', in *Papers from the 7th Meeting of the Chicago Linguistic Society*, 394–415 (Chicago, IL : The Chicago Linguistic Society).
—, (1979), *On Understanding Grammar* (New York, NY : Academic Press).
Günther, H., (1998), 'Sprachwissenschaft und Sprachdidaktik. Am Beispiel kleiner und großer Buchstaben im Deutschen', *Didaktik Deutsch*, 3(4), 17–32.
Haspelmath, M., (2004), 'On directionality in language change with particular reference to grammaticalization', in *Up and Down the Cline : The Nature of Grammaticalization*, ed. by O. Fischer, M. Norde, H. Perridon, 17–44 (Amsterdam : John Benjamins).
Heine, B., U. Claudi, F. Hünnemeyer, (1991), *Grammaticalization : A Conceptual Framework* (Chicago, IL : University of Chicago Press).
Heine, B., T. Kuteva, (2004), *World Lexicon of Grammaticalization* (Cambridge : Cambridge University Press).
Heine, B., H. Narrog, eds., (2011), *The Oxford Handbook of Grammaticalization* (Oxford : Oxford University Press).
Heine, B., M. Reh, (1982), *Patterns of Grammaticalization in African Languages* (Köln : Universität zu Köln).
—, (1984), *Grammaticalization and Reanalysis in African Languages* (Hamburg : Helmut Buske).
Hohenhaus, P., (2005), 'Lexicalization and Institutionalization', in *Handbook of Word-Formation*, ed. by P. Štekauer, R. Lieber, 353–374 (Dordrecht : Springer).

Hopper, P. J., (1991), 'On some principles of grammaticization', in *Approaches to Grammaticalization I. Focus on Theoretical and Methodological Issues*, ed. by E. C. Traugott, B. Heine, 17–36 (Amsterdam : John Benjamins).
Hopper, P. J., E. C. Traugott, (1993), *Grammaticalization* (Cambridge : Cambridge University Press).
—, (2003), *Grammaticalization*, 2nd ed. (Cambridge : Cambridge University Press).
Jakobson, R., (1931), 'Prinzipien der historischen Phonologie', in *Réunion phonologique internationale tenue a Prague (18-21/XII 1930)*, 4, 247–267 (Prague : Jednota československých matematiků a fysiků).
Joseph, B. D., (2011). 'Grammaticalization : a general critique', in *The Oxford Handbook of Grammaticalization*, ed. by B. Heine, H. Narrog, 193–209 (Oxford : Oxford University Press).
Konvička, M., (2019), 'Grammaticalisation clines : A brief conceptual history', *History and Philosophy of the Language Sciences*. https://hiphilangsci.net/2019/03/06/grammaticalisation-clines/ (accessed 1 November 2023).
—, (2020), 'Paradigms, host classes, and ancillariness : A comparison of three approaches to grammatical status', in *Grammar – Discourse – Context : Grammar and Usage in Language Variation and Change*, ed. by K. Bech, R. Möhlig-Falke, 277–304 (Berlin : De Gruyter).
Kuryłowicz, J., (1964), *The Inflectional Categories of Indo-European* (Heidelberg : Carl Winter).
—, (1965), 'The Evolution of Grammatical Categories', *Diogenes*, 13 (51), 55–71.
Lehmann, C., (1982), *Thoughts on Grammaticalization. A Programmatic Sketch* (Köln : Institut für Sprachwissenschaft, Universität zu Köln).
—, (2015), *Thoughts on Grammaticalization*, 3rd ed. (Berlin : Language Science Press).
Lopéz-Couso, M. J., E. Seoane, eds., (2008), *Rethinking Grammaticalization : New Perspectives* (Amsterdam : John Benjamins).
Matisoff, J. A., (1991), 'Areal and universal dimensions of grammatization in Lahu', in *Approaches to Grammaticalization. Vol. II. Types of grammatical markers*, ed. by E. C. Traugott, B. Heine, 383–453 (Amsterdam : John Benjamins).
McElvenny, J., (2016). 'The secret history of grammaticalization', *History and Philosophy of the Language Sciences*. https://hiphilangsci.net/2016/04/28/the-secret-history-of-grammaticalization (accessed 1 November 2023).
Meillet, A., (1912), 'L'évolution des formes grammaticales', *Scientia (Rivista di scienza)*, 12(6), 384–400.
Mengden, F. von, (2016), 'Functional changes and (meta-)linguistic evolution', in *Exaptation in Language Change*, ed. by M. Norde, F. van de Velde, 121–162 (Amsterdam : John Benjamins).
Mengden, F. von, H. J. Simon, (2014), 'What is it then, this grammaticalization ?', *Folia Linguistica*, 48(2), 347–360.
Newmeyer, F. J., (2001), 'Deconstructing grammaticalization', *Language Sciences*, 23(2–3), 187–229.

Norde, M., (2009), *Degrammaticalization* (Oxford : Oxford University Press).
Tauli, V., (1958), *The Structural Tendencies in Language. General Tendencies* (Helsinki : Suomalaisen Tiedeakatemian Toimituksia).
Traugott, E. C., (2002), 'From etymology to historical pragmatics' in *Studies in the History of the English Language*, ed. by D. Minkova, R. Stockwell, 19–49 (Berlin : Mouton de Gruyter).
Traugott, E. C., B. Heine, eds., (1991a), *Approaches to Grammaticalization I. Focus on theoretical and methodological issues* (Amsterdam : John Benjamins).
——, (1991b), *Approaches to Grammaticalization II. Focus on Types of Grammatical Markers* (Amsterdam : John Benjamins).
Wischer, I., G. Diewald, eds., (2002), *New Reflections on Grammaticalization* (Amsterdam : John Benjamins).

CONTRIBUTORS

LUCA ALFIERI is Associate Professor in Linguistics and Sociolinguistics at the University G. Marconi of Rome, and coordinator of a PRIN project on adjectival typology in the ancient Indo-European languages. His main areas of interest include historical and Indo-European linguistics, language change, parts of speech typology, and the history of language sciences, with special reference to the notion of root and word-formation and Indian native grammar.

VIGGO BANK JENSEN is a researcher at the Department of Nordic Studies and Linguistics at the University of Copenhagen. His major research area is history of linguistics, in particular Danish and Italian linguistics and structuralism: *From the early years of Phonology. The Roman Jakobson–Eli Fischer-Jørgensen correspondence 1949-82* (2020); *Eli Fischer-Jørgensen, Eugenio Coseriu et Louis Hjelmslev: quelques points d'une correspondance* (Cahiers FdS 68, 2015).

BÉRENGÈRE BOUARD, Maître de conferences, teaches at the University of Lorraine (Nancy, France) and is a researcher in the ATILF scientific unit. Her research focuses on the history of linguistic ideas in French grammars, from the 16th to the 19th century, in connection with the history of French and its teaching.

GABRIEL BERGOUNIOUX, Professor Emeritus at the University of Orléans, has published on nineteenth- and twentieth-century French linguistics *Aux origines de la linguistique française* (1994), *Bréal et le sens de la Sémantique* (ed. 2000), *Meillet aujourd'hui* with Charles de Lamberterie (eds. 2006) and *L'Invention de la sémantique* (forthcoming, Éditions Lambert-Lucas).

BERNARD COLOMBAT is Professor Emeritus at the Université Paris Cité. A specialist in the Western grammatical tradition, he is interested in the transfer of linguistic models (particularly from Latin to French), the history of parts of speech and the transmission of syntax and grammatical metalanguage. He has published critical editions of several grammars (16th and 17th centuries) and edited the *Corpus de textes linguistiques fondamentaux* (online).

SANDRA COVINO is Full Professor of Italian Linguistics at the University for Foreigners of Perugia. From 2016 to 2019, she was ASLI's contact person in CISPELS. Many of her publications concern the history of linguistics and philology in Italy, such as *Linguistica e nazionalismo tra le due guerre mondiali* (Il Mulino 2019); *D'Ancona - Monaci* (2 vols., SNS 1997); *D'Ovidio - Schuchardt* (http://schuchardt.uni-graz.at, 2022); (with M. Loporcaro and F. Fanciullo) *C. Merlo, Scritti linguistici* (4 vols., Viella 2022-); 'Dal "distacco" al "connubio": glottologia e filologie in Italia tra secondo Ottocento e prima metà del Novecento', AGI, 108 (2023), 225-286.

MARTIN KONVIČKA is a research assistant at the Freie Universität Berlin. His current research interests revolve around non-finite causal constructions in various languages, mainly Germanic, and the history of concepts related to grammar and grammaticalisation. Moreover, he is a passionate advocate of communicating (the history of) linguistics to broader audiences.

SOPHIE PIRON is Professor in the Department of Linguistics at the University of Quebec in Montreal (UQAM). Her research focuses on contemporary French grammatical theory, the history of French language and the history of French grammar. Within the history of grammar, her areas of interest relate to the establishment of school grammar.

CHANGLIANG QU is Professor of Linguistics at the Dalian University of Foreign Languages, China. His research interests include linguistic historiography, phonology, and translation. Among his recent publications are *Exploring N.S. Trubetzkoy's Phonology: Analysis and Anthology* (2024), *Otto Jespersen on Phonetics* (2021), *Selected Readings of Early Classics in Phonetics and Phonology* (2019). He is the Chinese translator of many linguistic classics by Otto Jespersen, N.S. Trubetzkoy, and Roman Jakobson.

MIMESIS GROUP
www.mimesis-group.com

MIMESIS INTERNATIONAL
www.mimesisinternational.com
info@mimesisinternational.com

MIMESIS EDIZIONI
www.mimesisedizioni.it
mimesis@mimesisedizioni.it

ÉDITIONS MIMÉSIS
www.editionsmimesis.fr
info@editionsmimesis.fr

MIMESIS COMMUNICATION
www.mim-c.net

MIMESIS EU
www.mim-eu.com

Printed by
Rotomail S.p.A.
June 2024

www.ingramcontent.com/pod-product-compliance
Lightning Source LLC
Chambersburg PA
CBHW010429190426
43201CB00047BA/2336